Ciencias Naturales

Tercer grado

Este libro fue elaborado en la Dirección General de Materiales y Métodos Educativos de la Subsecretaría de Educación Básica y Normal

Coordinación general José Antonio Chamizo Guerrero

Autores Ana Barahona Echeverría, Rosa María Catalá Rodes, José Antonio Chamizo Guerrero, Blanca Rico Galindo y Vicente Augusto Talanquer Artigas

Revisores María Alvarez Moctezuma, Elisa Bonilla Rius, Edgar González Gaudiano, Fedro Guillén Rodríguez, Luis Antonio Ramírez Valadez, Carlos del Río Chiriboga, Rodolfo Ramírez Raymundo, Juvencio Robles García, Marina Robles García, Armando Sánchez Martínez

Equipo técnico-pedagógico y prueba de materiales en aula Noemí García García (coordinación), Ma. Teresa Guerra Ramos, Alicia Mayén Hernández y Carmen Villavicencio Caballero

Coordinación editorial y redacción final Carlos Chimal

Coordinación Iconográfica Agustín Estrada de Pavía

Fotografía Gabriel Figueroa Flores, Ricardo Garibay Ruiz, Pedro Hiriart

Producción fotográfica Patricia Lagarde

Ilustración *Tané Arte y Diseño*: Enrique Martínez, Gerardo Suzán, Sofía Suzán, Yadhira Corichi y Angel Campos; *SI, Consultoría Creativa*: Abdías Manuel, Concepción Reyes, Luis Gerardo Alonso y Magdalena Juárez; *Academia Mexicana de Ilustradores Científicos*: Leticia Arango, Jesús Contreras, Arturo Delgado, César Fernández y Elvia Esparza

Edición María Angeles González

Diseño Rocío Mireles

Formación Fernando Villafán (coordinación), Gabriel González y Ramón Valdés

Cuidado de la edición Nemesio Chávez Arredondo

Diseño de portada Comisión Nacional de los Libros de Texto Gratuitos

Ilustración de portada "Flora y fauna del periodo cuaternario plio-pleistoceno", José María Velasco, óleo sobre tela, 2.60 x 1 . 10 m. Reproducción autorizada por el Museo de Geología de la UNAM

Apoyo Institucional La Subsecretaría de Servicios de Salud de la Secretaría de Salud coordinó un grupo interinstitucional que elaboró sugerencias para abordar los temas de cuerpo humano y salud

Ciencias naturales. Tercer grado

Primera edición, 1996
Primera edición revisada, 1997
Primera reimpresión, 1998
Segunda reimpresión, 1999

D.R. © Ilustración de portada: José María Velasco / UNAM
D.R. © Secretaría de Educación Pública, 1996
Argentina 28,
colonia Centro, 06020,
México, D. F.

ISBN 968-29-9023-8
Impreso en México

Presentación

El proyecto general de mejoramiento de la calidad de la educación primaria, impulsado por el Gobierno de la República, contempla la producción de materiales educativos acordes a las necesidades de aprendizaje de los niños del país y que incorporen los avances del conocimiento educativo. Por ello, la Secretaría de Educación Pública inició en 1993 el programa de renovación de los libros de texto gratuitos.

Los libros de la asignatura de Ciencias Naturales corresponden a la última fase de este programa de renovación. La Secretaría de Educación Pública invitó en 1995 a un grupo reconocido de maestros y especialistas para elaborar estos libros. En este proceso también participaron, con sus opiniones y sugerencias, los maestros de las entidades federativas en cuyas aulas se probaron las lecciones de dichos materiales.

A partir del tercer grado de educación primaria las niñas y los niños inician el estudio sistemático de las Ciencias Naturales. En él se pone énfasis en el fomento de una cultura de la prevención, tanto para que aprendan a cuidar su salud como a proteger el ambiente y a hacer un uso racional de los recursos. Con el libro *Ciencias Naturales. Tercer grado,* continúan el estudio de los fenómenos naturales que iniciaron en la asignatura Conocimiento del Medio de los dos grados anteriores.

En el presente libro los temas del programa correspondientes a tercer grado han sido organizados en cinco bloques. Los cuatro primeros constan de ocho lecciones cada uno, mientras que el último tiene una estructura distinta, cuyo propósito es que el alumno integre lo aprendido durante el año escolar y lo relacione con contenidos de otras asignaturas. Asimismo, la última lección de cada bloque cierra y reúne, por medio de actividades, las nociones introducidas en las lecciones anteriores.

El libro contiene varias secciones: "Abre bien los ojos", "Vamos a explorar" y "Manos a la obra".

Cada sección propone actividades que vinculan la adquisición de conocimientos sobre el mundo natural con la formación y la práctica de actitudes, valores y habilidades científicas particulares. El plan de estudios de la educación primaria subraya la importancia de que el aprendizaje de los contenidos favorezca el desarrollo de habilidades y destrezas básicas. En el caso de las Ciencias Naturales, el reconocimiento de los fenómenos naturales que rodean al alumno, incluidos los procesos que se llevan a cabo en su cuerpo, debe llevarlo no sólo a comprender algunos aspectos que caracterizan a la actividad científica sino, sobre todo, a desarrollar su capacidad de observar, de plantear preguntas, de dar explicaciones sencillas, de buscar respuestas que pueda verificar y que le permitan sistematizar datos.

El texto principal del libro se complementa, además, con cápsulas denominadas "Compara" y "¿Sabías que...?", que contienen información interesante y novedosa para los niños, relacionada con el tema central de cada lección. Asimismo, y en atención al hecho de que la ciencia tiene un lenguaje propio, se sugiere al alumno construir su propio diccionario científico para familiarizarse con el lenguaje de la ciencia y enriquecer su vocabulario. Este diccionario que inicia en tercer grado podrá continuarlo durante el resto de su educación primaria.

Las opiniones de las maestras y los maestros, de las niñas y los niños, así como las sugerencias de madres y padres de familia que comparten con sus hijos las actividades escolares son indispensables para que la tarea de renovación de los libros de texto gratuitos tenga éxito. La Secretaría de Educación Pública necesita sus recomendaciones y comentarios. Estas aportaciones serán estudiadas con atención y servirán para que el mejoramiento de los materiales educativos sea una actividad sistemática y permanente.

Índice

Todos usamos y desechamos cosas

¿De qué están hechas las cosas?

Observa la ilustración de las páginas 6 y 7. ¿De qué material están hechas las cosas que hay en ella? ¿Cuáles de esos materiales son naturales y cuáles son artificiales? Elabora dos listas en tu cuaderno; en una anota los materiales naturales y en otra los artificiales que hayas podido identificar. ¿Cuáles se usan en la región donde vives? Subráyalos en las listas.

Todos los días usamos muchos objetos como ropa, muebles, libros y herramientas. ¿De qué están hechos? De algodón, madera, papel y diversos tipos de metal. Nuestro planeta Tierra está lleno de distintos materiales; con ellos se construyen útiles y herramientas.

Hace miles de años se utilizaban pocos materiales: piedra, madera, cuernos y pieles de animales. Más tarde, nuestros antepasados descubrieron cómo usar el algodón, el carbón y el petróleo, que también se encuentran en forma natural en la Tierra. Con el tiempo los seres humanos han aprendido a usar los materiales naturales para fabricar otros nuevos, como vidrio, papel y plásticos. Todos los materiales que producimos se llaman materiales artificiales.

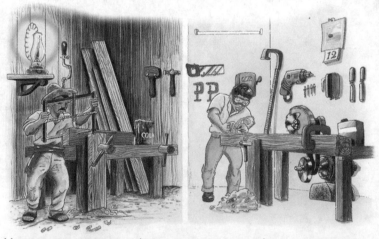

Hoy tenemos ventajas sobre nuestros antepasados porque contamos con más variedad de materiales y maneras de transformarlos

Existen muchos tipos de materiales. Unos son blandos, otros duros; unos son transparentes, otros opacos; unos lisos y otros rugosos. Se utilizan dependiendo de sus características. Por ejemplo, la madera es rígida pero puede cortarse con facilidad, es rugosa y puede pulirse y grabar sobre ella. Se usa para fabricar cajas, muebles e instrumentos musicales. El hule es más blando que la madera y tiende a recuperar su forma cuando se estira. Por eso se emplea hule y no madera para fabricar ligas o llantas de automóvil.

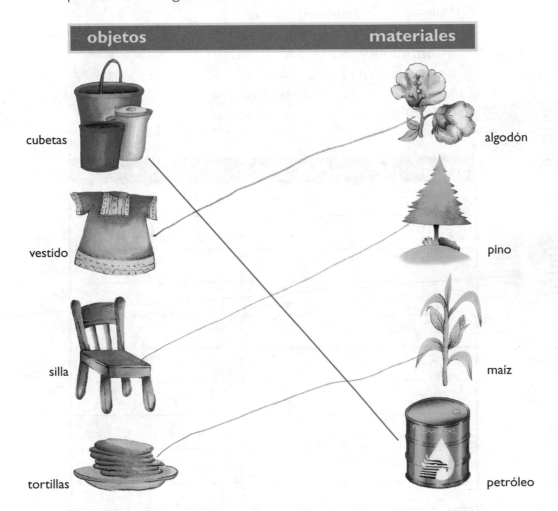

objetos		materiales
cubetas		algodón
vestido		pino
silla		maíz
tortillas		petróleo

¿Qué material se emplea para fabricar cada objeto? Traza una línea que los una

Las características de los materiales permiten reunirlos en grupos. Por ejemplo, puede hablarse de materiales blandos, duros, transparentes, opacos, lisos y rugosos, pero hay muchos más. Dividir en grupos se llama clasificar. Clasificar ayuda a conocer mejor lo que se tiene y a hacer un mejor uso de ello.

Vamos a explorar

Materiales lisos y rugosos

En el salón de clases estás rodeado de muchos objetos
fabricados con materiales diversos.
¿Qué tal si los clasificas?
        Elige diez de ellos
y sepáralos en dos grupos:
los lisos y los rugosos.
        Tócalos con cuidado
para ver qué textura tienen.
Por ejemplo, el vidrio
de las ventanas es un material liso.
        Anota el nombre de los objetos
que seleccionaste en la columna
de la izquierda y señala con una cruz
en la columna que corresponda.

Nombre del objeto	liso	rugoso

Elabora otra tabla como ésta en tu cuaderno. En ella clasifica
los mismos objetos en duros y blandos. Compara las dos tablas.
        ¿Hay materiales duros y lisos? ¿Hay blandos y rugosos?
¿Hay duros y rugosos? ¿Hay blandos y lisos?

¿Sabías que... *el grafito en la punta de tu lápiz, los diamantes y el carbón para cocinar son formas diferentes del mismo elemento de la naturaleza?*

El grafito es gris, duro, liso y rígido; se quiebra con facilidad y se gasta pronto. El diamante es transparente y brilla con la luz; además, es la piedra más dura que hay en la Tierra y por eso es muy útil en la industria. En cambio, el carbón para cocinar es negro, ligero y frágil.

Todos estos materiales, a pesar de sus grandes diferencias, son de carbono. El carbono toma formas naturales distintas y por eso tiene muchos usos.

Como has visto, todo lo que te rodea está hecho de una gran cantidad de materiales, sean naturales o artificiales. El descubrimiento de materiales artificiales ha permitido a los seres humanos como tú conocer y hacer cosas que anteriormente no se podían llevar a cabo.

En la próxima lección, al encontrar la respuesta a la pregunta ¿de dónde provienen los materiales?, seguirás aprendiendo del mundo que te rodea.

¿Con qué recursos contamos?

Todas las cosas y objetos que se utilizan provienen de materiales que se encuentran en la Tierra. Siempre que los seres humanos elaboran algún producto emplean un recurso natural. Se llama recurso natural a todo aquello que proviene del ambiente, como plantas, animales o minerales.

Este libro, por ejemplo, está hecho de papel y cartón que se obtienen de la madera. Las hojas están unidas por un pegamento que se produce a partir del petróleo. El color de la tinta puede obtenerse de ciertas plantas. Si observas los objetos que te rodean verás que en ellos están presentes muchos de estos recursos.

Relaciona con una línea cada parte del lápiz con el recurso natural que se utilizó para fabricarlo. Por ejemplo, la tinta amarilla que cubre el palo salió de una substancia proveniente de algunas flores. ¿Puedes descubrir los que faltan?

Para hacer una crema limpiadora

En todas partes se utilizan plantas y productos de origen animal para fabricar desde medicinas hasta artículos de limpieza. ¿Qué tal si fabricas una crema limpiadora para la piel?

Necesitas:

| un vaso | media cucharadita de café molido | dos cucharadas de yogurt natural, crema o leche | servilletas de papel o de tela |

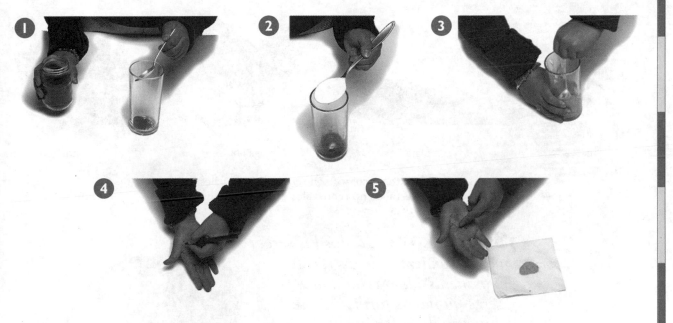

1. *Coloca media cucharadita de café en un vaso.*

2. *Agrega dos cucharadas de yogurt, crema o leche.*

3. *Mezcla muy bien. ¡Listo, ya tienes tu crema!*

    Para probar si limpia la piel:

4. *Pinta sobre tu mano una pequeña raya con una pluma. Prueba con diferentes marcadores: crayola, plumón o pluma.*

5. *Toma un poco de la crema con la servilleta y frótala sobre la raya. ¿Se borra?*

    Haz una tabla en tu cuaderno donde clasifiques lo que sí limpia y lo que no limpia tu crema.

Algunos de los recursos naturales de la Tierra se regeneran de manera constante, como las plantas y los animales. Por ello se llaman recursos renovables. Sin embargo, aunque las plantas y los animales pueden reproducirse, necesitan de cierto tiempo para hacerlo. La formación de un bosque, por ejemplo, puede tomar cientos de años. Si se quiere seguir contando con estos recursos es necesario que nazcan más plantas y animales de los que se consumen o mueren naturalmente. Por eso es muy importante no consumir estos recursos más rápido de lo que tardan en formarse de nuevo.

Otros recursos como los metales, el carbón y el petróleo se acabarán algún día. Son recursos no renovables que requirieron miles de años para formarse y es casi imposible que se formen de nuevo. Así que ¡hay que cuidarlos para que duren el mayor tiempo posible!

maíz   plata   gallina   carbón

¿Cuáles de estos recursos son renovables? ¿Cuáles no?
Encierra los no renovables en un círculo

¿Sabías que... *todos los seres vivos dependemos de los recursos del planeta? Plantas, animales y seres humanos forman parte del maravilloso fenómeno de la vida que se inició hace millones de años. Las acciones que lleves a cabo para cuidar y conservar los recursos naturales, por muy pequeñas que sean, siempre ayudarán a mantener la vida en la Tierra.*

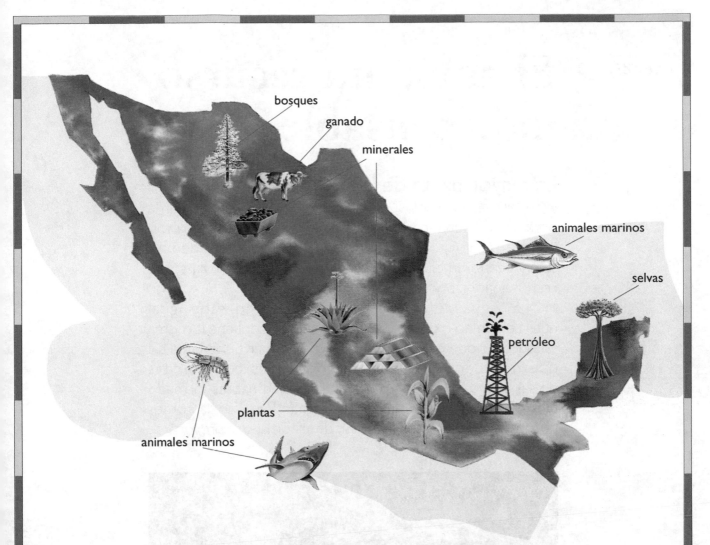

bosques

ganado

minerales

animales marinos

selvas

petróleo

plantas

animales marinos

Los recursos naturales de México son muy variados

Nuestro país es rico en recursos naturales renovables y no renovables. Entre los recursos no renovables más abundantes se encuentran la plata, el azufre y el grafito, del que ya se habló antes. También se cuenta con grandes reservas de petróleo. Los recursos renovables de México son igualmente valiosos. El número de plantas y animales distintos que encontramos en las selvas, los bosques y los desiertos de nuestro país es uno de los más grandes en el mundo.

México es el país con mayor variedad de reptiles, como las serpientes y las tortugas; además, hay decenas de tipos de cactus y la familia de los pinos es muy abundante. En sus extensas costas abundan el atún, el guachinango y el camarón. Muchas de estas plantas y animales sólo viven en México.

Los mexicanos necesitamos de estos recursos día con día y debemos aprender a cuidarlos.

Lección 3 El agua, un recurso indispensable

La mayor parte de la Tierra está cubierta de agua, y en ella viven plantas y animales a los que se les llama organismos acuáticos. El agua está presente en océanos, mares, ríos, lagos y depósitos subterráneos. Además, se encuentra en distintas formas: líquida como la lluvia, sólida como el granizo y gaseosa como las nubes.

El agua de los océanos y mares no sabe igual que la de un río o un lago porque es salada. Contiene la misma sal que se pone en la comida. El agua de mar tiene tanta sal que no puede beberse. Si agregas dos cucharaditas de sal a un vaso con agua y revuelves bien habrás formado una mezcla como la del agua de mar. Pero no la tomes porque puede producirte dolor de estómago y provocarte diarrea.

Fotografía de la NASA

La Tierra vista desde la Luna. ¿Por qué crees que se le llama el planeta azul?

El agua está presente en océanos, mares, ríos, lagos
y depósitos subterráneos de la Tierra

Cuando juntas dos o más cosas y las pones en contacto
se forman mezclas. El agua de los mares y lagos se contamina
al mezclarse con una gran cantidad de cosas que caen
o se arrojan en ella, como basura y detergentes. Entonces
los organismos que allí viven o que dependen de esa agua
pueden morirse. El agua contaminada no debe beberse
ni utilizarse en la casa o en las fábricas.

A lo largo de su historia, los seres humanos han ideado
varias formas de filtrar el agua, es decir, de separar
los materiales y organismos que pueden dañar la salud
o estropear productos, aparatos, máquinas y herramientas.

Manos a la obra

Filtración del agua

¿Cómo construirías un filtro para separar algunas de las cosas que se mezclan con el agua? Organízate con tus compañeros en equipos.
Necesitas:

agua

una cuchara

un colador

un poco de tierra, arena y hojas

un embudo o la parte superior de una botella de plástico

tres o cuatro recipientes transparentes

un pañuelo o algodón

1. *En uno de los recipientes revuelve bien la tierra.*
2. *Agrega arena y hojas.*
3. *Añade agua suficiente para llenarlo hasta la mitad.*
4. *Revuelve con la cucharita.*

¿Cómo se ve la mezcla? Dibújala en tu cuaderno.

Piensa y comenta en clase la forma de separar el agua de los otros componentes de la mezcla con el colador, el pañuelo y el embudo. Utiliza los recipientes transparentes para recoger el agua.

Anota en tu cuaderno el plan, trabaja en equipo y presenta en forma oral tus observaciones.

Recuerda que esta agua filtrada no debe beberse, pues puede contener substancias o microbios.

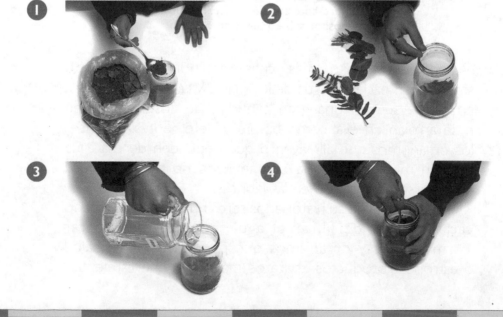

Aunque no lo parece, el agua que bebemos también es una mezcla. En ella, además de agua, hay pequeñas cantidades de minerales que arrastra cuando pasa por el suelo. El agua para beber se llama agua potable y no debe tener olor, sabor ni substancias que la hagan verse turbia. No toda el agua que se ve transparente es potable.

El agua potable no debe tener substancias que puedan dañar nuestra salud. En el agua que se utiliza para beber o para lavar los alimentos a veces se encuentran microbios, invisibles a simple vista. Estos microbios provocan enfermedades graves como tifoidea y cólera, o bien infecciones que producen diarrea y vómito. Para eliminar estos microbios y prevenir las enfermedades que acarrean, el agua para beber o para preparar los alimentos debe hervirse 10 minutos. Si no se hierve, deben agregarse dos gotas de cloro o tres de yodo por cada litro de agua y dejarla reposar 30 minutos antes de tomarla o usarla.

Aunque parezca potable, esta agua no debe beberse

El cuerpo humano pierde agua de manera constante, a través de la orina, el sudor y la respiración. Por eso es necesario que bebas de uno a dos litros de agua potable cada día. En zonas calientes y áridas, como el desierto, hay que beber mucha más agua para mantenerse en buenas condiciones. Estés donde estés, asegúrate que el agua que bebas sea potable.

Como se vio al inicio de esta lección, aunque en la Tierra hay mucha agua sólo una pequeña parte puede usarse. Si se quisiera aprovechar el agua de mar tendría que separarse la sal y otras substancias que se encuentran disueltas en ella. Esto es aún tan difícil y costoso que no se hace comúnmente.

De cada 10 litros de agua que se usan, siete hay que extraerlos de los depósitos que se hallan bajo tierra. Muchas de las fuentes de agua ya están contaminadas, por lo que hay que hacer un enorme esfuerzo para extraerla y para hacerla potable.

El agua que es útil para los seres humanos proviene de dos fuentes principales:

- los lagos y ríos en la superficie de la Tierra
- los depósitos subterráneos

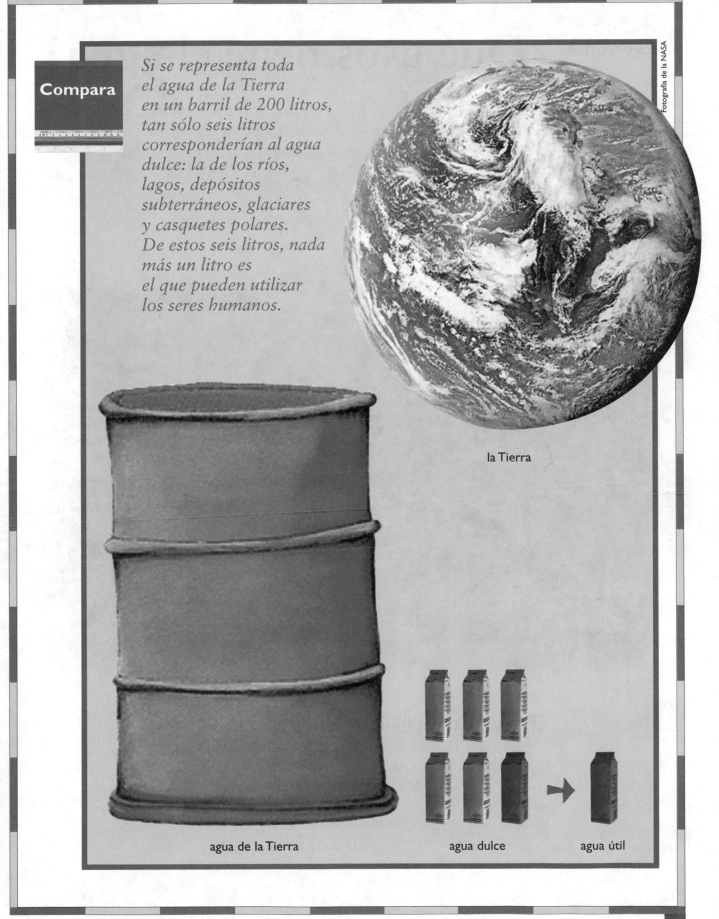

Fotografía de la NASA

Compara

Si se representa toda el agua de la Tierra en un barril de 200 litros, tan sólo seis litros corresponderían al agua dulce: la de los ríos, lagos, depósitos subterráneos, glaciares y casquetes polares. De estos seis litros, nada más un litro es el que pueden utilizar los seres humanos.

la Tierra

agua de la Tierra

agua dulce

agua útil

¿Qué usos tiene el agua?

Lección 4

Abre bien los ojos

¿Eres buen observador? En la escena de abajo se ilustra una gran cantidad de usos del agua. ¿Cuántos puedes identificar? ¿Dónde se está desperdiciando el agua? Escribe en tu cuaderno lo que hayas encontrado.

El agua es el recurso natural que más utiliza el ser humano. En casa, el agua se emplea para beber, preparar la comida o hacer la limpieza; también es importante para la higiene del cuerpo y mantener la salud. ¿Te lavas bien las manos antes de comer y te bañas con regularidad? El agua combinada con el jabón ayuda a arrastrar el polvo, la grasa, los microbios y otras substancias que se acumulan en la piel durante el día.

El consumo de agua debe hacerse de tal manera que siempre se use la menor cantidad posible. ¡Ahorrar agua es importante!

La cantidad de agua que se consume depende de cada región. En las grandes ciudades, una persona puede llegar a gastar cerca de 300 litros diarios de agua, mientras que en las zonas rurales el consumo es de unos 125 litros al día. Cuando una persona se baña en regadera gasta alrededor de 90 litros; cuando se baña en tina puede usar hasta 400 litros; lavar los platos de la comida puede consumir hasta 40 litros. En comunidades con mucha agua hay personas que la desperdician. ¿Qué pasa donde tú vives? Aunque creas que sobra el agua, debes ayudar a que no se desperdicie.

¡Sabías que...
por cada llave que gotea se pierden cerca de 300 litros de agua en un mes?

Manos a la obra

¿Cómo ahorrar agua?

¿Has pensado que tú también puedes ahorrar agua?
Averigua cómo.
Necesitas:

una taza o pocillo   un envase de leche o de refresco de un litro

Organízate con tus compañeros en parejas.
1. *Trabaja de modo que uno le sirva al otro las tazas que necesite para lavarse bien las manos con agua y jabón. ¿Cuántas tazas llenas de agua se necesitaron?*

    Anota el resultado en tu cuaderno.

2. *Ahora cuenta el número de tazas de agua que caben en una botella de leche o de refresco de un litro.*

    Anota el resultado.

Si comparas estas dos cifras podrás descubrir cuántos litros de agua usaste para lavar tus manos. ¿Crees que podrías utilizar menos cantidad sin dejar de lavarte bien las manos con agua y jabón? Haz la prueba.

Además de sus usos en el hogar, el agua se emplea en muchas otras partes. En las fábricas se utiliza para elaborar infinidad de productos, desde alimentos hasta medicinas. En el campo se emplean grandes cantidades de agua para regar los cultivos. También se usa para transportar, a través del drenaje y los canales de desagüe, las cosas que se desechan. Es muy útil para la generación de energía eléctrica y no debe olvidarse que los ríos, mares y océanos también permiten transportar personas y cosas de un sitio a otro.

Las presas, como la de esta foto, almacenan grandes volúmenes de agua para impulsar los generadores que surten de energía eléctrica a muchas casas e industrias

El aire, otro recurso indispensable

El aire es un recurso natural que necesitan los seres vivos para vivir. Un ser humano puede pasar cerca de un mes sin comida, unos pocos días sin agua, pero moriría en unos cuantos minutos si se le quitara el aire. El aire es el medio en el que se desarrollan naturalmente organismos terrestres como algunas plantas, las aves, los insectos y los seres humanos.

Si no hubiera aire en la Tierra no habría seres vivos. Todo se vería como un gran desierto, haría muchísimo calor durante el día y un intenso frío por la noche. El aire también actúa como un escudo que protege de los rayos solares a plantas, animales y personas.

El aire nos rodea y, sin embargo, es difícil darnos cuenta de su presencia porque no se ve, pero lo sentimos cuando hay viento

Manos a la obra

¿Dónde está el aire?

El aire no se puede ver y, sin embargo, hay forma de reconocerlo.
Necesitas:

un globo   un popote de plástico   una botella de plástico transparente
de medio litro o mayor capacidad

I. *Estira el globo muchas veces hasta que quede bien flojo*
y luego ínflalo.

¿Pudiste hacerlo? ¿Por qué?
Anota tus ideas en tu cuaderno.

2. *Ahora mete parte del globo desinflado dentro de la botella.*

3. *Trata de inflarlo de nuevo.*

¿Qué pasó? ¿Cómo lo explicas?

4. *Trata de inflar de nuevo el globo dentro de la botella,*
pero ahora introduce la mitad del popote entre el globo
y la botella. Sopla fuerte el globo para inflarlo.

¿Qué pasa? ¿Cómo explicas la diferencia?
¿Ya sabes dónde está el aire?

Comenta los resultados con tus compañeros
y tu maestra. Anótalos en tu cuaderno.

Así como el agua de mar es una mezcla y la sal una de las substancias que la componen, el aire también es una mezcla y el oxígeno forma parte de él. En el aire hay otros gases que, como el oxígeno, no se ven a simple vista porque son transparentes. Todos estos gases forman parte del aire limpio que los seres vivos necesitan para vivir. Sin embargo, en ocasiones lo contaminamos con substancias que no estaban en él y esto puede provocar serios daños a la naturaleza y a la salud.

En las grandes ciudades, la concentración de fábricas y transportes motorizados contamina el aire y el agua con substancias peligrosas para la salud

El agua y el aire del campo, la montaña y el mar también se contaminan con algunas actividades que realizan los seres humanos

Hay lugares de la Tierra que están muy contaminados. Esto puede comprobarse examinando la forma y la textura del liquen que crece sobre los árboles, las rocas o algunas paredes de casas y edificios. Mientras que los líquenes que crecen en el aire limpio son más gruesos y esponjosos, los que crecen con aire contaminado son planos y duros.

Observa el liquen grueso y esponjoso sobre un árbol que creció rodeado de aire limpio

Mira cómo el liquen que creció donde el aire estaba contaminado es duro y plano

Desde hace tiempo los seres humanos han aprovechado la fuerza del viento para transportarse de un sitio a otro. Los veleros se desplazan gracias al viento que los impulsa; los aviones se sostienen en el aire, ya que éste los empuja hacia arriba cuando se mueven a través de él. También se ha aprovechado esta fuerza para moler granos de trigo y para acarrear agua.

¿Sabías que... *ahora los molinos de viento producen energía para iluminar casas? Algunos de ellos son tan altos como un edificio de 15 pisos y sus aspas pueden ser tan largas como un campo de futbol. El viento impulsa las aspas, cuyo movimiento genera electricidad por medio de un mecanismo colocado en las aspas.*

¿De dónde viene la basura?

Los seres humanos fabrican y utilizan una enorme cantidad de objetos, pero al hacerlo también generan cosas que no quieren o no necesitan. Estas cosas se llaman desechos. Casi todo lo que se usa o se consume genera desechos que, en ocasiones, se arrojan al ambiente.

Los desechos reciben distintos nombres dependiendo de dónde se depositan. Los materiales que se colocan en cestos, botes y barriles para deshacerse de ellos reciben el nombre de basura. Los desechos se convierten en contaminantes cuando se arrojan al ambiente sin cuidado.

El tipo de desechos que se produce en tu casa seguramente no es el mismo que el de una oficina, el de tu escuela o el de una fábrica. Lo que se desecha depende del tipo de objetos que se emplean y de los materiales con que se fabrican.

En algunas partes se producen más desechos que provienen de materiales naturales y en otras partes abundan los desechos de materiales artificiales. Hay lugares en los que se generan desechos de los dos tipos.

cesto

bote

barril

¿De dónde crees que proviene la basura del cesto, del bote y del barril? Escríbelo en las líneas

Hace tiempo la basura provenía principalmente de los desechos de comida o de la fabricación de artículos de madera o barro. Estas substancias se reintegraban con facilidad al ambiente. Pero, en la actualidad, la población humana ha crecido tanto y consume una variedad tan grande de productos que la basura es más voluminosa y numerosa que antes. Los desechos que forman la basura tienen orígenes muy distintos y no es fácil deshacerse de ellos.

El origen de los desechos

Elige al menos tres desechos distintos que encuentres en tu casa o en la escuela y sígueles la pista para ver de dónde provienen. Puedes buscar en libros de la biblioteca, en los Libros del Rincón o preguntarle a personas mayores. Estos dos casos te servirán de ejemplo:

Vamos a explorar

desecho:
cubeta de plástico

origen:
petróleo

desecho:
recipiente de vidrio

origen:
arena

desecho	origen
Recipiente de vidrio	Arena y otras substancias
Cubeta de plástico	Petróleo

Haz dibujos en tu cuaderno, como los anteriores, y comparte con tus compañeros y tu maestro el resultado de tu investigación.

Los desechos que generan los seres humanos siempre provienen de algún recurso natural. Es importante clasificarlos y conocer su origen, porque esto permite saber si son peligrosos y si pueden causar daños a la salud.

Por lo común, se llama basura orgánica a la que proviene de desechos de origen animal y vegetal, como los restos de comida. Los desechos que se generan al usar productos de vidrio, metal o plástico forman parte de la basura inorgánica. Cuando separamos la basura orgánica de la inorgánica ayudamos a las personas que, en los basureros, se encargan de deshacerse de ella.

Los desechos no deben arrojarse a la calle ni a los ríos y lagos. Tampoco deben abandonarse en lugares públicos. Esta es una manera de evitar que los desechos contaminen y se conviertan en foco de enfermedades.

Compara

En nuestro país existen alrededor de 300 regiones importantes de donde extraemos la mayor parte del agua que usamos. ¡Más de 60 de ellas ya están contaminadas por diferentes tipos de substancias!

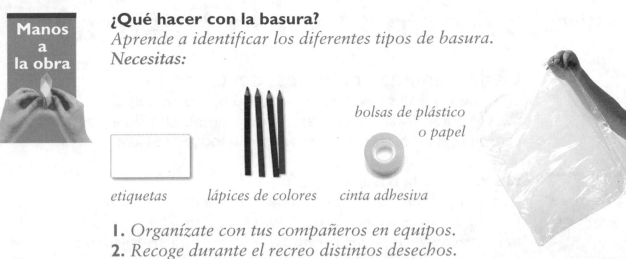

Manos a la obra

¿Qué hacer con la basura?

Aprende a identificar los diferentes tipos de basura.
Necesitas:

etiquetas   lápices de colores   cinta adhesiva

bolsas de plástico o papel

1. *Organízate con tus compañeros en equipos.*

2. *Recoge durante el recreo distintos desechos.*

3. *Clasifícalos. Coloca cada tipo de desecho en una bolsa distinta y ciérrala. Consulta con tu maestro la clasificación más conveniente, por ejemplo, desechos de cosas naturales—desechos de cosas artificiales; o bien, desechos de productos animales y vegetales—desechos de productos minerales.*

4. *Inventa en equipo un símbolo para representar cada tipo de desecho. Dibuja el símbolo elegido en una etiqueta y pégala en la bolsa correspondiente.*

Anota en tu cuaderno, debajo de cada símbolo, lo que se metió dentro de las diferentes bolsas.

Al terminar pon las bolsas dentro de los botes de basura de la escuela y lávate las manos.

4

orgánicos

Éste es un ejemplo de los símbolos que puedes inventar

1

2

3

¿Adónde va la basura?

Cada semana, millones de casas y miles de escuelas e industrias se deshacen de su basura en bolsas, cajas y botes. Todos la colocamos fuera de nuestra vista para que alguien se la lleve. ¿Sabes adónde va toda esta basura?

Vamos a explorar

Las rutas de la basura

Averigua adónde va la basura que se produce en tu escuela. Consulta a tu maestro y a tus familiares. Para ello puedes realizar una entrevista en la que preguntes lo mismo a varias personas. Cuando lo sepas completa el siguiente dibujo.

Si te falta espacio, puedes continuar la ruta de la basura en tu cuaderno.

Hay diferentes maneras de deshacerse de la basura. Una es enterrarla para rellenar terrenos y barrancas. Pero esto a veces ocupa mucho espacio, afecta a la tierra y contamina con malos olores y plagas de animales.

En ocasiones la basura se quema en hornos especiales y el calor puede ser utilizado para generar electricidad. Pero si no se hace con cuidado pueden producirse substancias peligrosas que contaminan el aire.

Los contaminantes en ríos, barrancas y calles son un problema que todos debemos ayudar a resolver deshaciéndonos en forma adecuada de los desechos

Estos métodos tienen sus problemas porque ensucian el ambiente y pueden causar serios problemas de salud. Además, en todos los casos la basura no desaparece, simplemente va a otro lado. Por eso es un problema difícil de resolver.

¿Existen otras formas de deshacernos de la basura? ¿Por qué se desperdician materiales que pueden volver a utilizarse?

Abre bien los ojos

En las páginas 6 y 7 hay diversos materiales que pueden volver a utilizarse. Organízate con tus compañeros en equipos para identificar cuáles de esos materiales pueden usarse de nuevo y cuáles no.
Haz dos listas en tu cuaderno y separa los materiales que pueden volver a utilizarse de aquellos que no es posible hacerlo. Comenta con tus compañeros en qué podrían emplearse.

Hay maneras de evitar el desperdicio de la basura. Esto sucede cuando se reutiliza o cuando se recicla. Al reciclar un desecho, el material con el que fue fabricado puede emplearse para hacer un objeto similar o uno distinto. Algunos de los materiales que pueden reciclarse son los metales, el vidrio, determinados plásticos, el papel y ciertos desechos de comida. Escribir al reverso de las hojas de papel usadas o volver a emplear las bolsas de plástico y las botellas de vidrio son formas adecuadas para reusar los desechos. Sin embargo, se debe ser cuidadoso. Si se reutilizan botellas de refresco para guardar substancias tóxicas como barniz o aguarrás debe pegárseles una etiqueta advirtiendo que ya no puede beberse su contenido. Además, deben mantenerse fuera del alcance de los niños.

¿Sabías que... *la regla de "las tres erres":* *reducir, reusar* y *reciclar ayuda a resolver el problema de la basura? No sólo es importante reusar y reciclar los desechos, también es necesario reducir la cantidad de basura que se produce. Para lograrlo hay que dejar de consumir las cosas que realmente no se necesitan, sobre todo productos superfluos que se venden en envolturas especiales e inútiles. Los alimentos de escaso valor nutritivo son un ejemplo.*

Los símbolos de las figuras indican que el material del que están hechos los envases es reciclable

Una botella de vidrio es reciclable porque puede lavarse y usarse muchas veces. Una vez que ya no sirve, se tritura, se funde y se convierte en otro objeto de vidrio. Por ello se dice que fue reciclado

¿Cuáles son y cómo usas tus recursos?

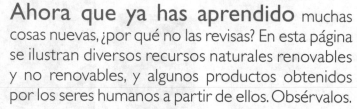

Ahora que ya has aprendido muchas cosas nuevas, ¿por qué no las revisas? En esta página se ilustran diversos recursos naturales renovables y no renovables, y algunos productos obtenidos por los seres humanos a partir de ellos. Obsérvalos.

Encierra en un círculo rojo los recursos naturales renovables y no renovables que se encuentran en la región donde vives. Encierra en un círculo azul aquello que se produce de manera artificial allí.

Organízate con tus compañeros en equipos. Imagina que tu comunidad únicamente pudiera contar con los recursos y objetos que marcaste. ¿Cuáles usarías para hacer tus ropas? ¿Cuáles emplearías para comer y beber? ¿Cuáles utilizarías para construir tu casa? ¿Cuáles son adecuados para obtener diferentes tipos de energía?

Anota tus respuestas en tu cuaderno y comenta con tus compañeros y tu maestro qué harías para cuidar y conservar estos recursos.

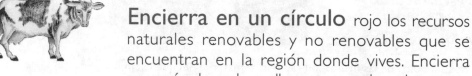

Ahorrar el agua es importante porque es un recurso indispensable para cualquier comunidad ¿Existen fuentes de agua potable cerca de la tuya? ¿Cuáles? ¿Qué pasaría si no pudiera traerse agua de otros sitios?

Cartel para fomentar el ahorro del agua

Ahorra agua... para que tengas más

¡Sí, Ahorra agua! porque el agua es necesaria para beber... pero también para que haya alimentos... para asearse... para realizar muchos procesos en la industria... para todos los usos que le demos en nuestra casa. ¡Y claro, para jugar y divertirse cuando nadamos! ¡Todas estas son muy buenas razones para cuidar nuestra agua! Pero hay muchas más. Cuando tú abres una llave, como por arte de magia, sale agua fresca y pura. Pero para que esto tan sencillo ocurra el agua tiene que realizar un largo y complicado camino.

El agua que usamos se extrae del interior de la tierra a través de pozos o bien de corrientes superficiales, después se conduce por gigantescos acueductos y tuberías. Se purifica en las plantas potabilizadoras y cuando llega a la ciudad se almacena en grandes tanques para después distribuirla por muchísimas tuberías que la llevan hasta tu casa. Cuando abres una llave, el agua se convierte en tuya; es tu agua, la que tienes que cuidar para tenerla siempre.

¡Juntos! Los niños, los maestros y con los nuevos accesorios de bajo consumo de agua que se han instalado en nuestras escuelas, vamos a ahorrar agua, cada día, durante todo el año para tener siempre agua suficiente.

Así ahorramos agua

Investiga y comenta con tus compañeros sobre las preguntas anteriores y piensa qué tipo de acciones podrían realizar los niños de la escuela para cuidar este recurso. Usa cartulina o papel para dibujar los carteles mediante los cuales pedirías la colaboración de la comunidad.

El uso de tus recursos genera gran cantidad de desechos. La cantidad de desechos producidos por una comunidad depende del número de habitantes y de los recursos con que cuenta. Aunque México es un país muy diverso, la siguiente gráfica podría representar el tipo y la cantidad de desechos que se producen en una comunidad como la tuya. La gráfica indica cuánto se tiene de cada cosa por cada 100 kilogramos de basura que se recoge.

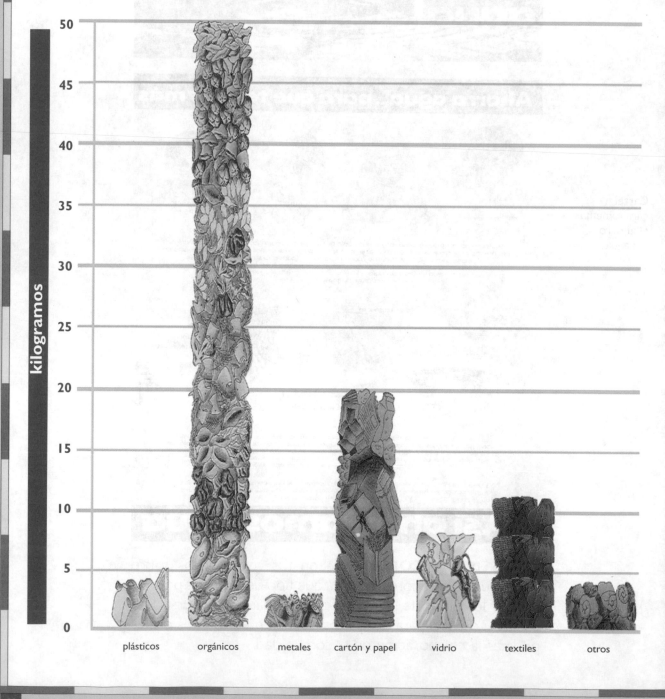

kilogramos

50
45
40
35
30
25
20
15
10
5
0

plásticos   orgánicos   metales   cartón y papel   vidrio   textiles   otros

Anota en la siguiente tabla la cantidad
de los diferentes tipos de desecho, de acuerdo con la gráfica de la página anterior.

Tipo de desecho	cantidad	sugerencias
Plásticos		
Orgánicos (alimenticios, de cultivo)		
Metales		
Cartón y papel		
Vidrio		
Textiles		
Otros		

Comenta con tus compañeros y tu maestra
distintas sugerencias para disminuir los diferentes tipos de basura que se acumulan en tu comunidad.

Recuerda la regla de las "las tres erres"
y propón acciones en las que participe toda la comunidad.

Una de las mejores prácticas que puede llevarse a cabo para conservar lo que se tiene es usar adecuadamente las cosas. Por ejemplo, hacer cuadernos con las hojas limpias que sobraron de otros cuadernos, utilizar los lápices y colores hasta que se acaben. ¿Qué tal si aprendes a fabricar algo reutilizando algunos desechos? ¿Qué te gustaría hacer? Enseguida encontrarás algunas ideas. Usa tu creatividad e imaginación para hacer lo que quieras. Puedes hacer, por ejemplo, floreros y portalápices con botellas de vidrio o plástico, maceteros y hasta títeres con calcetines viejos.

Hay ciertos desechos, como las baterías o pilas para diversos aparatos eléctricos y electrónicos, por ejemplo, que no debes intentar reutilizar, ya que contienen substancias que pueden hacerte daño. Si no estás seguro de lo que contiene un desecho ¡no intentes utilizarlo de nuevo!

Como te habrás dado cuenta, en las páginas anteriores has aprendido palabras que no conocías. Con mucha frecuencia los científicos usan palabras especiales para hablar de los fenómenos de la naturaleza que estudian. A lo largo de este libro encontrarás muchas palabras nuevas, ¿por qué no formas con ellas tu propio diccionario científico? Dedica a ello un cuaderno especial. Utiliza cuatro páginas para cada letra del abecedario.

Como ves, en el ejemplo de abajo, en un diccionario deben definirse las palabras con la mayor claridad posible y utilizar un ejemplo para explicar su uso.

_m_

Materiales :
Hay dos tipos de materiales,
naturales y artificiales.
Ejemplo :
Los materiales naturales son
como el algodón y la madera
Los materiales artificiales son
los que fabrican los seres
humanos.

mezcla :
Cuando dos o más substancias
hacen otra.
Ejemplo :
El agua del mar es una
mezcla de agua y sal.

El agua, el aire y los seres vivos

Lección 9 El agua se transforma

Observa la ilustración de las páginas 44 y 45 y escribe en tu cuaderno los nombres de todos los lugares donde haya agua líquida, sólida y gaseosa.

Tú has visto cómo cambia el agua. El calor del Sol evapora continuamente gran cantidad de agua. Si llueve y sale el Sol, en poco tiempo todo estará casi seco. ¿Adónde va el agua de lluvia? Una parte se filtra al suelo, el resto se convierte en vapor y por ello llamamos evaporación a este cambio de agua líquida en agua gaseosa.

Cuando el vapor se enfría forma gotitas que flotan en el aire. Se dice entonces que el agua se ha condensado.

Cuando el agua pasa de líquido a gas en la evaporación o de gas a líquido en la condensación se dice que ocurren "cambios de estado". Los cambios de estado se producen cuando se modifica la temperatura del agua.

El agua puede encontrarse en forma líquida, sólida y gaseosa

Cuando el hielo se derrite, el agua sufre otro cambio de estado que se conoce como fusión. El calor hace que el hielo se funda y que el agua líquida se evapore. Si pones al Sol un recipiente con un hielo, primero se derretirá y luego se evaporará. Lo mismo sucede con una paleta helada al Sol. ¿Qué ocurre si se coloca un recipiente con hielo sobre el fuego?

El agua sólida se funde por la acción del calor

Manos a la obra

Un gas que tú conoces

Vamos a investigar uno de los gases que salen por tu boca y tu nariz cuando exhalas.
Necesitas:

un vaso de vidrio transparente con agua (de preferencia fría)

Respira muy cerca del vaso con agua.
¿Qué ocurre? ¿Qué se formó sobre el vaso?
¿Hubo algún cambio de estado?
Dibuja y anota en tu cuaderno todo lo que observaste.

Compara

En la naturaleza hay agua en forma sólida. Cuando hace frío, las gotas de agua que se están condensando en las nubes se congelan y forman granizo o nieve. La nieve forma copos muy ligeros, mientras que el granizo consiste de pedacitos de hielo más pesados.

Los copos de nieve tienen formas que no es posible ver a simple vista

granizo

Afortunadamente para los seres vivos, el agua de la Tierra se recicla en forma constante. A través de los distintos cambios de estado el agua forma un "ciclo" que favorece el regreso del agua pura a los ríos y lagos. Los ciclos son procesos que nunca acaban, pues los pasos se repiten una y otra vez.

Gracias al ciclo del agua los seres vivos aprovechan este líquido en sus diferentes estados. Cuando llueve, las plantas de los cultivos como el maíz crecen y proporcionan alimento a los seres humanos. Cuando la nieve se derrite, se filtra en el suelo y los árboles la aprovechan.

¿Sabías que...

cuando el aire está tibio o caliente es difícil percibir que en él hay vapor de agua? Cuanto más vapor hay en un sitio, más húmedo está. El aire se enfría durante las noches y parte del vapor se condensa en gotas que se depositan en la hierba, en las hojas y entre las piedras. Esto es lo que conocemos como rocío.

El ciclo del agua

Observa bien la ilustración de abajo.

Las flechas azules indican los cambios en el agua.

Las siguientes frases tienen un número y describen cada proceso. Anota dentro de cada círculo el número que le corresponda en el dibujo.

1. *El agua líquida de océanos, mares y ríos se evapora.*
2. *El vapor de agua se condensa y forma las nubes.*
3. *De las nubes cae agua en forma de lluvia, granizo o nieve.*
4. *Parte del agua de lluvia se filtra en el suelo y corre por los ríos de la región.*

Vamos a explorar

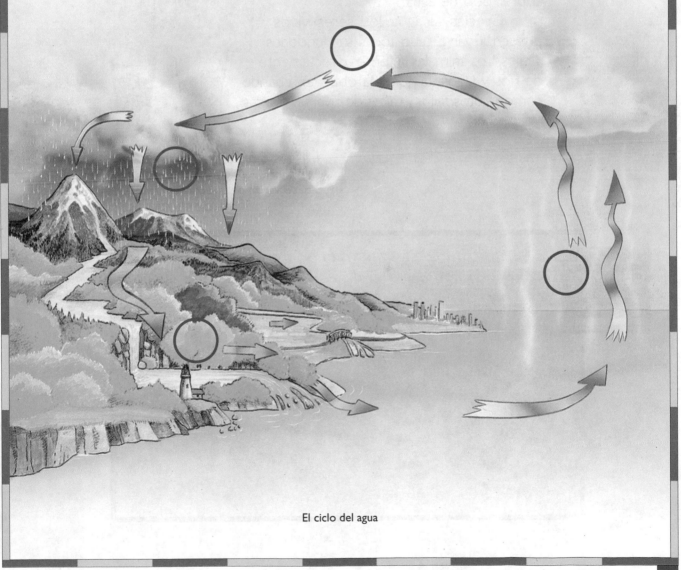

El ciclo del agua

Lección 10

El agua en los seres vivos

Las plantas, los animales y las personas tenemos agua en todo el cuerpo. Aunque no se vea, el agua está presente en los órganos y en la sangre que circula por el cuerpo. De cada 10 kilos de peso de un ser humano ¡cerca de siete son de agua!

El agua forma parte también del cuerpo de las plantas; mantiene vivos el tallo y las hojas. Una sandía, una naranja, una calabaza, un plátano y una papa tienen jugo que se compone sobre todo de agua.

Gracias al agua los seres vivos pueden llevar a cabo todas sus funciones vitales. Los animales la toman directamente de ríos y lagos; también la obtienen cuando comen frutos, tallos y raíces de diversas plantas.

Si pudiéramos separar el agua de nuestro cuerpo, observaríamos que constituye más de la mitad de nuestro peso

Compara

El melón, uno de los frutos más jugosos, tiene tres cuartas partes de agua. En cambio el pan contiene apenas una tercera parte de agua.

Los animales y las personas eliminan el agua que les sobra mediante el sudor y la orina. Cuando un animal suda, una parte del agua que transpira se evapora y esto ayuda a regular la temperatura de su cuerpo. Cuando una persona corre, el sudor le ayuda a controlar su temperatura y le hace perder agua. Por eso es necesario tomar una buena cantidad de agua después de hacer ejercicio. Por su parte, las plantas absorben el agua que necesitan a través de su raíz y eliminan la que les sobra mediante la transpiración de sus hojas. Eso las ayuda a controlar su temperatura.

Manos a la obra

El agua y las plantas

¿Cómo pierden las plantas el agua que les sobra?
Necesitas:

dos plantas en maceta   dos bolsas de plástico transparente

1. *Mete las plantas dentro de las bolsas y ciérralas bien.*
2. *Deja una planta al Sol una hora y observa lo que pasa.*
Pon la otra en la sombra o en un lugar frío.

Anota en tu cuaderno tus observaciones y contesta:
¿Qué crees que va a pasar?
¿Qué pasó en las bolsas?
¿Cómo lo explicas?

Además de tomar y eliminar el agua que necesitan, los seres vivos son capaces de guardarla. Algunos lo hacen directamente en determinada parte de sus cuerpos, como los cactus en el tallo o ciertos lagartos en las escamas de su piel.

Algunos organismos la almacenan en depósitos de grasa, de los que pueden extraerla cuando la necesitan. Esto sucede comúnmente en los animales que viven en el desierto. Acumulan mucha grasa en las jorobas, como los camellos, o en las colas y rabos, como las ratas del desierto, cuyos cuerpos son capaces de transformarla en agua.

camello

rata del desierto

¿Sabías que... *entre ciertas hormigas hay algunas cuyo vientre puede crecer hasta un centímetro? Lo usan para almacenar una mezcla de agua y azúcar, llamada néctar, que les sirve de alimento. Cuando el agua escasea, el resto de las hormigas recurren a sus compañeras para tomar el líquido vital.*

Vamos a explorar

Las siguientes imágenes muestran plantas y animales que viven en diferentes partes de nuestro planeta. Algunos habitan regiones donde hay mucha agua, como la selva, y otros donde casi no la hay, como el desierto.

Organízate en equipos e investiga qué animales y plantas son característicos del desierto y cuáles de la selva.

Contesta en tu cuaderno las siguientes preguntas: ¿Cuáles viven en el desierto? ¿Cuáles viven en la selva?

guacamaya

alacrán

mariposa

hongos

tronco de árbol con hiedra

nopal

víbora de cascabel

Aire para respirar

Abre bien los ojos

Revisa con atención la ilustración de las páginas 44 y 45 y marca las plantas, los animales y los seres humanos que encuentres. Anota en tu cuaderno el nombre de los que respiran.

En las lecciones anteriores viste que el agua es fundamental para los seres vivos. En esta lección verás por qué el aire también es importante. Todos los seres vivos respiran. Pero la manera de hacerlo no es la misma en los diferentes organismos. Animales como los monos, los cocodrilos, las gallinas y los seres humanos inhalan el aire hasta los pulmones y allí toman el oxígeno necesario para vivir. En cambio otros animales como los peces toman el oxígeno del agua a través de branquias.

Branquia de un guachinango

Diversos animales respiran a través de pulmones

¿Sabes cómo respiran los animales que no tienen pulmones ni branquias? Los insectos, por ejemplo, respiran a través de tráqueas que son una serie de tubos con muchas ramificaciones.

Los gusanos son más simples y no tienen aparato respiratorio. Toman el oxígeno por la piel.

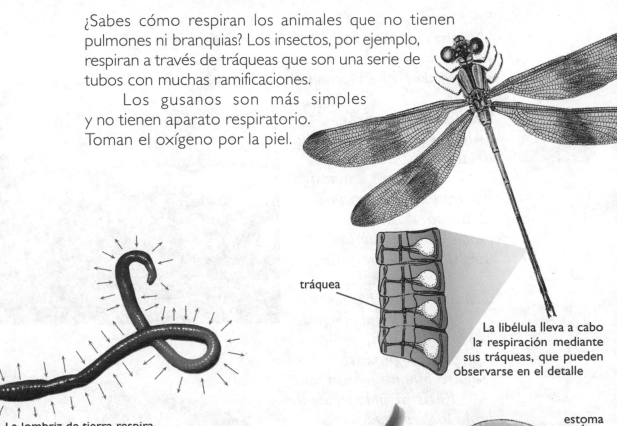

tráquea

La libélula lleva a cabo la respiración mediante sus tráqueas, que pueden observarse en el detalle

La lombriz de tierra respira a través de la piel

estoma

Los animales no son los únicos seres vivos. Las plantas también están vivas y, por lo tanto, respiran. Sin embargo, tampoco tienen aparato respiratorio, aunque respiran tomando el oxígeno del aire a través de los estomas. Los estomas son unos poros pequeñitos, localizados en las hojas, que no se pueden ver a simple vista.

El detalle de la derecha muestra un estoma que no es visible a simple vista, pero se ha amplificado para poder apreciar su forma

Respirar es una de las funciones más importantes que realiza el cuerpo humano. Dejar de respirar unos cuantos minutos nos llevaría a la muerte. Por eso respiramos todo el tiempo, de día y de noche. Dormidos y despiertos.

Vamos a explorar

La vida sin respirar

¿Alguna vez has intentado dejar de respirar?

Tu maestra o maestro llevará la cuenta en voz alta: uno, dos, tres... ¡a ver quién aguanta más tiempo sin respirar!

Tápate la nariz y cierra la boca. No respires.

¿Hasta dónde llegaste? ¿25?, ¿30?, ¿40?, ¿quizá 50 segundos? ¡Seguro que no fueron más!

Registra en la siguiente tabla los resultados que obtuvieron.

Coméntalos con tus compañeros y con la maestra.

Segundos que aguantaron sin respirar	número de niños
20 - 25	
26 - 30	
31 - 35	
36 - 40	
41 - 45	
46 - 50	

Algunos animales que viven en el mar tienen pulmones y toman el oxígeno del aire cuando salen a la superficie. No son peces pero pueden estar mucho tiempo bajo el agua. La ballena, por ejemplo, es capaz de permanecer sin salir a la superficie una hora porque sus gigantescos pulmones almacenan ¡hasta mil litros de aire! Un niño de 6 años puede almacenar uno y medio litros; uno de 10 años, un poco más de dos litros; y un muchacho de 14 años puede almacenar hasta tres y medio litros de aire.

6 años   10 años   14 años

Lección 12

Nuestro aparato respiratorio

Como se vio en la lección anterior, la respiración sirve para tomar el oxígeno del aire. La respiración humana se lleva a cabo en dos fases: cuando entra y cuando sale el aire. Primero se introduce por la nariz y viaja a través de unos tubos gruesos, la tráquea y los bronquios, hasta alcanzar los pulmones. A esto se le llama inhalación. En la segunda fase el aire sale del cuerpo por la misma vía y se le llama exhalación.

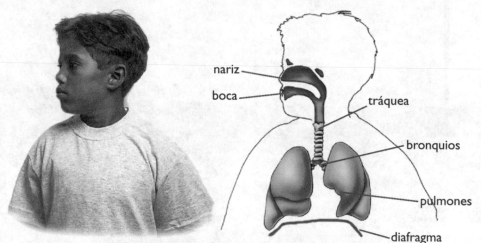

nariz
boca
tráquea
bronquios
pulmones
diafragma

Todas las partes del cuerpo que se utilizan en la respiración forman el aparato respiratorio

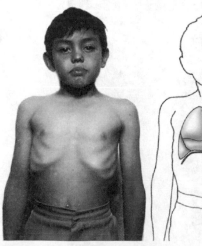

Al inhalar, el diafragma baja para que entre la mayor cantidad posible de aire

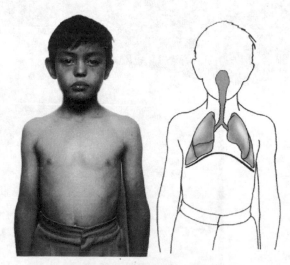

Al exhalar, el diafragma sube y ayuda a que el aire salga

Manos a la obra

Modelo del aparato respiratorio

Para que el aire entre y salga de los pulmones al respirar se ponen en movimiento varios músculos. Vamos a construir un modelo de aparato respiratorio para saber cómo funciona.

Necesitas:

ligas   tijeras   globos

una botella de refresco de litro y medio de plástico transparente, con el fondo ya cortado

una bolsa de plástico grande

①    ②    ③

Organízate con tus compañeros en equipos.

1. Coloca la boca del globo en la boca de la botella e introduce el globo dentro del cuerpo de la botella.

2. Enrolla en un extremo de la bolsa una liga para hacer un mango.

3. Ahora mete la botella en el otro extremo de la bolsa y amárrala con una liga.

4. Sostén la botella con una mano. Mueve el mango hacia arriba y hacia abajo.

④

Escribe en tu cuaderno todo lo que observaste y responde:

¿Qué le pasa al globo? ¿Qué parte del modelo corresponde a los pulmones? ¿Qué parte del modelo corresponde al diafragma?

Ahora que conoces la importancia de la respiración, no olvides cuidar tu aparato respiratorio; sólo así funcionará correctamente y te servirá para crecer sano y fuerte. Las enfermedades del aparato respiratorio son muy frecuentes. En México los niños se enferman en promedio cuatro veces al año de catarro o de la garganta.

¿Sabes cómo se transmiten estas enfermedades? En el aire hay polvo, tierra y gotas de agua tan pequeñas que no se ven a simple vista. Estas gotitas a veces contienen microbios, visibles mediante el microscopio, que son los causantes de las enfermedades respiratorias. Si observas el haz de luz de un proyector en un cine o de una linterna en la obscuridad podrás descubrir millones de partículas suspendidas en el aire.

En ciertas condiciones un rayo de luz permite ver partículas
que se encuentran suspendidas en el aire

La nariz tiene vellos y mucosidad que atrapan el polvo para que el aire entre limpio a los pulmones. Por eso es importante que respires por la nariz y no por la boca. Cuando la nariz está llena de moco puedes respirar por la boca.

¿Qué tienes que hacer para que siempre puedas respirar por la nariz? Mantenerla limpia. Eso te ayudará a cuidar tu aparato respiratorio.

Para no enfermarse es muy importante comer bien, procurar estar siempre en lugares ventilados, conservar la nariz limpia y cubrirse cuando hace frío. Si te enfermas del aparato respiratorio es conveniente quedarte en casa, comer bien y tomar muchos líquidos. Es necesario estar pendientes de que no haya fiebre muy elevada o dificultad para respirar. En ese caso hay que ir de inmediato al centro de salud más cercano porque la infección puede haber pasado a los pulmones y eso es muy grave.

¡Es importante tener todas las vacunas, pues algunas enfermedades que se contagian por vía respiratoria pueden prevenirse si estás vacunado! También es importante no fumar y pedirle a tus papás que no fumen cuando estén contigo, ya que el humo del cigarro daña el aparato respiratorio.

¿Sabías que...

enfermedades como la tosferina y la tuberculosis se contagian por vía respiratoria? Pero pueden prevenirse si estás vacunado. Pregunta a tus mayores si ya te han aplicado todas las vacunas.

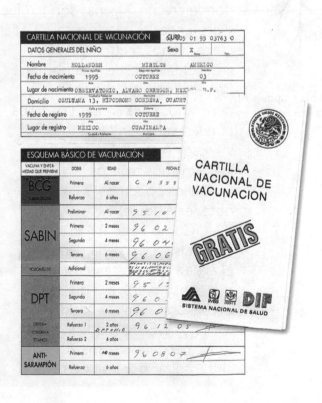

¿Cómo beben y respiran las plantas?

Las plantas tienen órganos especiales que les permiten tomar el agua y el aire del medio donde viven. Estos órganos son las raíces, el tallo y las hojas. Las raíces toman el agua del suelo, el tallo transporta el agua a las demás partes de la planta y a través de las hojas elimina la que sobra.

Al absorber el agua, las raíces toman los minerales que se encuentran en el suelo. Si el agua está cerca de la superficie, las raíces se extienden hacia los lados; si el agua está más abajo, las raíces se hacen más largas. Gracias a ellas las plantas se adhieren al suelo donde crecen. Algunas son tan fuertes y profundas que las plantas pueden crecer varios metros de altura.

El tallo sostiene la planta. Por él circulan los líquidos necesarios para crecer. Los tallos pueden variar en tamaño y grosor. A los más gruesos los llamamos troncos y de ellos podemos obtener madera.

Como puedes ver en la ilustración de la derecha, el agua viaja constantemente por la planta. Ingresa por la raíz, circula por el tallo y llega a las hojas. El agua que la planta ya no necesita la elimina al transpirar por las hojas.

Distintos tipos de raíces

hojas

tallo o tronco

raíz

¿Sabías que... *muchas plantas que viven en el agua toman de ella todo lo que necesitan para vivir y no de la tierra? Tal es el caso de los lirios acuáticos que desarrollan raíces muy pequeñas. Sus hojas son gruesas y de superficie sedosa, de manera que el agua pueda escurrir por su superficie.*

Algunas raíces nos sirven de alimento. Tal es el caso de las zanahorias y el rábano. Sin embargo, no todo lo que se encuentra enterrado es una raíz. Se conocen formas especiales de tallos subterráneos llamados bulbos y tubérculos, que no son raíces. La diferencia entre ellos es el lugar donde almacenan las substancias alimenticias. Los bulbos son tallos que crecen debajo de la tierra y almacenan alimento en las hojas, mientras que los tubérculos lo hacen en los tallos. La cebolla es un bulbo cubierto de hojas sin color. ¡Seguro que tu mamá prepara ricos alimentos con cebolla!

hojas

tallo

La papa y el camote son tubérculos que muchas personas utilizan en su dieta diaria.

hojas

tallo

raíz

En general, la respiración se lleva a cabo en las hojas. Recuerda que en ellas se encuentran los estomas, pequeños poros que permiten a la planta tomar el oxígeno del medio donde vive.

Existe una gran variedad de hojas. Las hay grandes y pequeñas, delgadas y gruesas, simples y compuestas, alargadas y ovaladas.

Además, hay hojas que pueden comerse, como la lechuga, las espinacas y las acelgas.

Manos a la obra

Formas y colores de las hojas

¿Por qué no haces ahora tu propia colección de hojas?
Necesitas:

periódico   cartulina   diferentes tipos de hojas   un objeto pesado o un libro

1. *Recoge hojas de la escuela, un jardín o un parque. Trata de abarcar colores, formas y tamaños variados.*

2. *Coloca las hojas con cuidado entre dos periódicos y aplánalas con un libro u objeto pesado.*

3. *Déjalas así dos o tres días.*

Cuando veas que las hojas están casi secas, pégalas en tu cartulina.

Observa bien las hojas y anota en tu cartulina de qué color son y qué forma tienen, así como el lugar donde las colectaste.

Lección 14 ¿Cómo se reproducen las plantas?

En la naturaleza hay plantas que tienen flores y frutos y otras que no los tienen. La variedad de plantas con flores es enorme y, a pesar de ser muy distintas unas de otras, todas las flores tienen algo en común: en ellas se encuentran los órganos para producir las semillas que darán vida a nuevas plantas.

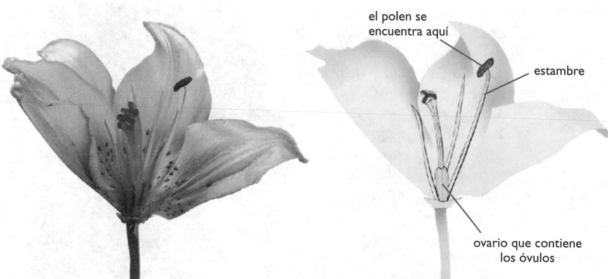

el polen se encuentra aquí

estambre

ovario que contiene los óvulos

Partes que la flor utiliza para su reproducción

Las plantas tienen órganos masculinos y femeninos. En los estambres, que son los órganos masculinos, se produce el polen. Y en los ovarios, que son los órganos femeninos, se producen los óvulos. Al unirse el polen con los óvulos se formarán semillas. Esto ocurre infinidad de veces todos los días, y para ello es necesario que el viento o algunos animales como las abejas, mariposas y colibríes ayuden a transportar el polen de una flor a otra. A este proceso se le conoce como polinización.

Una abeja poliniza una flor

Partes de las flores

Recuerda que las flores tienen órganos masculinos y femeninos que les permiten reproducirse. Obsérvalo.

Manos a la obra

Necesitas:

una lupa

flores como clavel, gladiola, rosa o azalea

Abre una flor con cuidado, tratando de no romperla. Usa la lupa para identificar sus partes.

Haz un dibujo en tu cuaderno que te ayude a explicar lo que encontraste. Anota qué flores son características de la región donde vives.

Después de la polinización se forman las semillas y la flor se transforma en fruto. Dentro de los frutos generalmente se encuentran las semillas. No todas las flores se convierten en frutos. Si el polen no alcanza a los óvulos, la flor se marchita y se seca.

Los frutos pueden ser carnosos o secos. ¿Cuáles son los que más te gustan? Hay sandía y melón, carnosos y dulces, llenos de agua. Hay limones agrios, pequeños y de olor agradable. Hay plátanos cremosos y de sabor muy delicado. Hay frutos secos como el sabroso tamarindo, el rico dátil y el chile ancho.

Algunos otros frutos, ya sean carnosos o secos, no se comen. Tal es el caso del fruto del tabachín, el piracanto o la jacaranda. ¿Qué otros frutos conoces que no sean comestibles?

Ejemplo de una planta que florece y al final produce un fruto

Variedades de semillas

De las semillas de las plantas nacen por lo general otras plantas semejantes a ellas. Estas semillas se encuentran dentro de los frutos. Compruébalo.
Necesitas:

manzana

aguacate

naranja

ejotes

cacahuates en vaina

un cuchillo

Organízate en equipos. Lava bien los frutos y tus manos. Obsérvalos. ¿Son secos o carnosos?

Ábrelos con tus manos o pide ayuda a tu maestro para cortarlos con el cuchillo.

Contesta en tu cuaderno las siguientes preguntas: ¿Cuáles tienen semillas? ¿Cuántas tienen?

Comenta con tu maestro y con tus compañeros las respuestas.

Detalle de los conos donde se encuentran las semillas

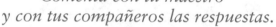

La semilla es una parte muy importante de la planta, pues en ella se encuentra la posibilidad de crear otras nuevas. Muchas de las plantas sin frutos desarrollan una especie de conos donde se depositan las semillas. A estas plantas se les llama coníferas. Existen muchos tipos de coníferas, algunos de ellos muy conocidos como los pinos, los cipreses, las araucarias y los oyameles.

Algunas semillas de las plantas que florecen pueden tener dos secciones llamadas cotiledones, mientras que otras tienen solamente un cotiledón.

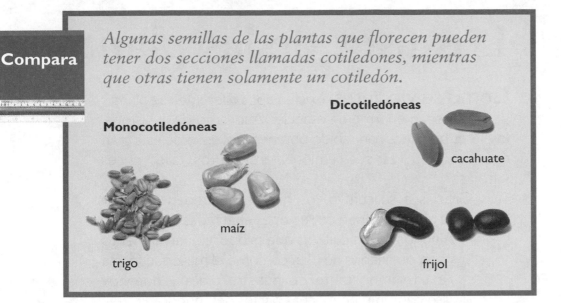

Monocotiledóneas

trigo

maíz

Dicotiledóneas

cacahuate

frijol

Dentro del grupo de plantas que no presentan flores ni frutos hay varias que tampoco generan semillas. ¿Sabes de alguna? Los musgos y los helechos forman parte de este grupo.

¿Cómo se reproducen entonces? Por medio de esporas. Si observas con cuidado la parte posterior de las hojas de los helechos, como los que aparecen en la ilustración, podrás descubrir fácilmente las esporas.

El detalle del helecho permite observar las esporas

Los usos de las plantas

Como se vio antes, existen tipos diferentes de plantas y una variedad enorme de especies. A lo largo de la historia, los seres humanos han sabido obtener provecho de esta gran diversidad y utilizar sus semillas, flores, frutos, tallos, raíces y hojas.

Gracias a su cultivo, los humanos pueden disfrutar de plantas que provienen de regiones apartadas del mundo. Algunos de los cultivos que proporcionan alimento son originarios de México, como el maíz, que forma parte importante de nuestra dieta y que hoy se consume en muchas partes del mundo.

Las plantas son muy útiles, pues con sus troncos y hojas se fabrican casas y muebles. Con ellas se han creado infinidad de cosas Por ejemplo, el papel sobre el que escribimos y dibujamos proviene de los árboles.

Algunas otras plantas sirven para fabricar la ropa que nos abriga. Por ejemplo, la fibra que cubre la semilla de la planta del algodón se emplea para producir el hilo con el que se tejen calcetines, camisas y camisetas, suéteres y pantalones.

parte de
una planta
de algodón

Vamos a explorar

¡Al mercado!

Organízate con tus compañeros en equipos para dar un paseo por el mercado más cercano. Sólo necesitas llevar lápiz y cuaderno. Anota el nombre de los alimentos vegetales que vayas encontrando y a qué parte de la planta pertenecen: al tallo, a las raíces, a las hojas. Tal vez se trata de semillas o frutos.

Pregunta y anota los nombres de las flores que encuentres.

Comenta con tu maestro y tus compañeros los resultados.

¿Sabías que... *las variedades más antiguas del maíz eran silvestres y tenían una mazorca pequeña? Hoy las variedades modernas de esta planta se cultivan, son grandes y se aprovechan en su totalidad. Los tallos azucarados y las hojas constituyen buen forraje para el ganado; las hojas secas se usan para envolver tamales; las mazorcas tiernas o elotes se comen hervidas, tostadas o guisadas; con los granos se preparan sabrosos atoles, tamales, pinole, pozole y, desde luego, la masa para hacer las tortillas. En algunos lugares pueden encontrarse aceite y jarabe de maíz.*

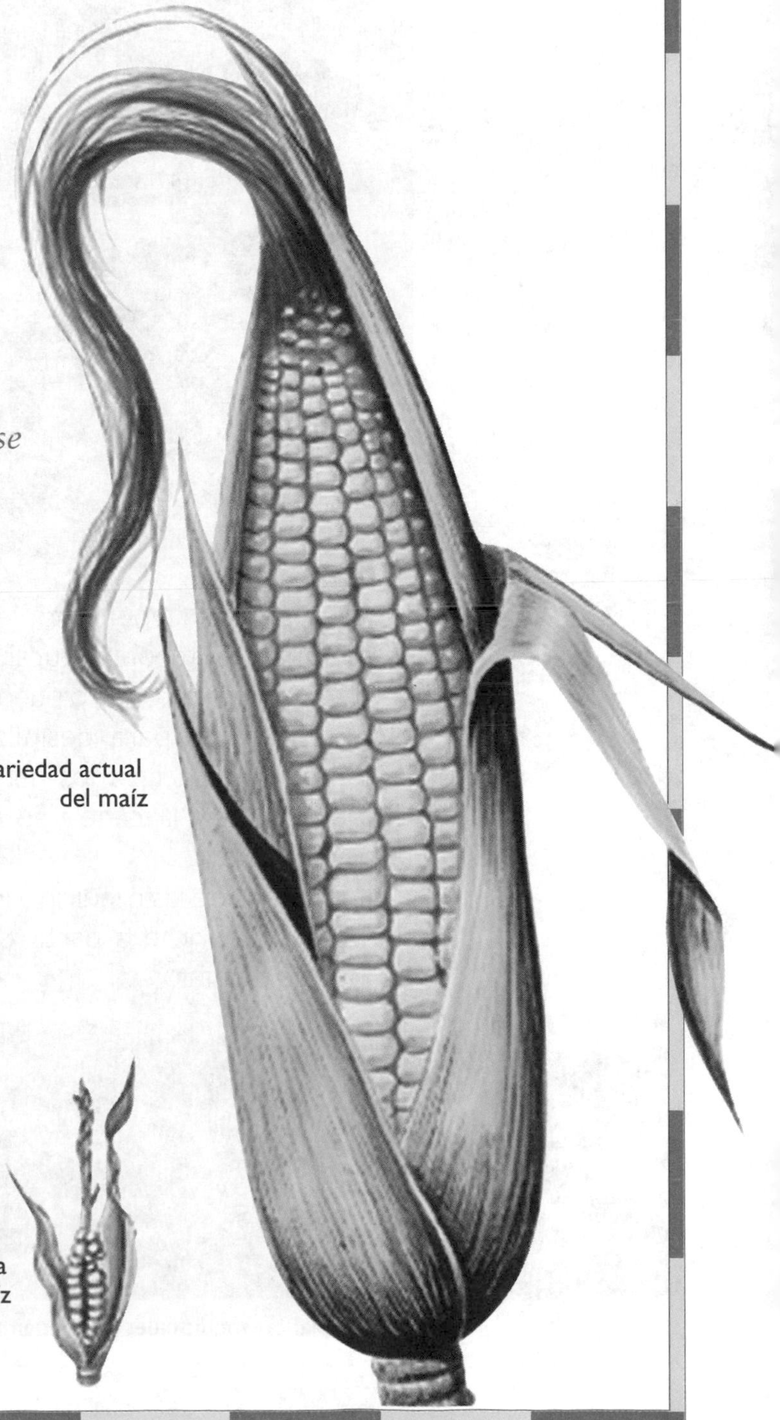

Variedad actual
del maíz

Variedad antigua
del maíz

*Observa bien la ilustración. Haz dos listas en tu cuaderno.
En la primera anota los alimentos, en la segunda los objetos o cosas
que hayan sido fabricados a partir de alguna planta.
Comenta con tus compañeros los resultados.*

Muchas plantas tienen propiedades medicinales y se usan tradicionalmente para curar. Por ejemplo, la manzanilla, la yerbabuena o el romero pueden aliviar el dolor de estómago; el árnica se usa para desinflamar golpes y curar heridas; la flor de tila apacigua los nervios y el gordolobo, las flores de bugambilia y la canela se emplean en resfriados y tos leves.

Muchas de las medicinas que se venden en las farmacias también se fabrican a partir de substancias que se extraen de ciertas plantas.

Las plantas medicinales se venden tradicionalmente en los mercados

¿Sabías que... *los antiguos mexicanos conocían muy bien los usos de muchas plantas? En el tlanópal o nopal de tinte, por ejemplo, se criaba la grana cochinilla para fabricar un tinte rojizo.*

Se comen de este cactus las tunas, que son los frutos, y el tallo, que son los nopales. A veces se usa como ración complementaria de forraje para el ganado.

grana
cochinilla

Las plantas también sirven para adornar los lugares donde estamos. En la casa o en el parque hay flores que alegran la vida. Muchas otras se emplean en festividades, como la flor de cempasúchil, que en algunas regiones de México se coloca en ofrendas el Día de Muertos o se lleva a las tumbas de los seres queridos. La flor de Nochebuena anima el ambiente en las casas durante la época invernal.

Celebración del Día de Muertos en Michoacán

Tras la huella vegetal

En este bloque hemos visto que las plantas necesitan agua y aire para vivir. Toman el agua a través de las raíces y la llevan por el tallo hasta las hojas y las flores. Las hojas son parte muy importante de las plantas, pues por allí respiran y obtienen parte de lo que necesitan para producir sus alimentos. ¿Qué tal si aprovechamos todo esto para divertirnos y aprender más?

Hagamos un experimento.
Para ello necesitas un cuchillo, dos vasos con agua, colorante vegetal (puede ser tinta o anilina) y una flor blanca como gladiola, hortensia o clavel.

Organízate con tus compañeros
en equipos. El experimento es fácil. Sólo hay que hacer una mezcla de agua y colorante en un vaso, colocar la flor dentro de él y regresar tres horas después a ver lo que pasó con ella.

Mientras tanto,
cada equipo puede hacer cosas distintas como:

• Dividir con cuidado el tallo de la flor en dos mitades y colocar cada parte en un vaso que tenga agua con colorante de distinto color.

• Mezclar en un vaso con agua varios colorantes, azul con rojo, verde con azul… ¡los que se te ocurran!, y colocar una flor dentro de él.

¿Qué pasó en cada experimento? ¿Por qué?

Anota los resultados
en tu cuaderno y comenta con tus compañeros las diferencias.

Dibuja en tu cuaderno
cómo quedaron las flores.

Si has observado alguna vez

con detenimiento las hojas de las plantas, habrás encontrado una gran riqueza de formas y tamaños. ¿Qué tal si ahora las usas para crear tu propia huella vegetal? Para ello necesitas hojas de diferentes formas y tamaños, crayones o lápices de colores y papel blanco.

Coloca una hoja sobre

una superficie plana. Pon la parte de abajo de la hoja hacia arriba y cúbrela con papel blanco.

Raya sobre el papel donde está

tu hoja con una crayola. Haz trazos firmes moviendo la mano en una sola dirección. Cuando la tengas ¿qué aparece?

Compara tu huella con la de tus compañeros

y comenta con ellos qué cosas tienen en común y en qué son diferentes.

Usa esta técnica para hacer

un dibujo que resuma lo que aprendiste en este bloque. Por ejemplo, haz muchas huellas de otras hojas y utiliza crayolas o lápices de colores para dibujar las otras partes de la planta. Luego puedes dibujar el paisaje y representar cómo la planta toma aire y agua del medio que la rodea.

Antes de terminar piensa en todo

lo que has aprendido. Observa la ilustración de las páginas 44 y 45, y escribe en tu cuaderno un texto sobre lo que allí aparece.

Consulta tu diccionario científico,

ya que puede ayudarte a escribir tu texto. No olvides continuar anotando en él las palabras que te parecieron difíciles de entender en este bloque.

Alimentos y nutrición

Las plantas fabrican alimento

Lección 17

Abre bien los ojos

Observa la ilustración de las páginas 76 y 77, y encierra en un círculo a los organismos que comen.

Como ya sabes todos los seres vivos respiran, es decir, toman el oxígeno del aire para poder vivir. Las plantas son seres vivos y respiran todo el tiempo, de día y de noche. Pero hacen algo que los demás no podemos hacer: son las únicas que producen su propio alimento a partir de agua, dióxido de carbono y la luz del Sol. Este proceso se conoce como fotosíntesis y se realiza en las hojas y en los tallos verdes.

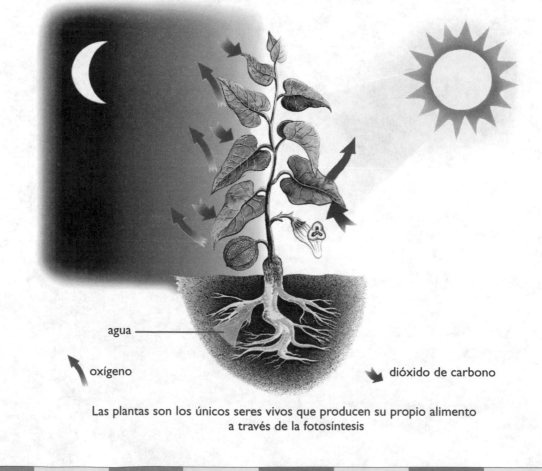

agua

oxígeno

dióxido de carbono

Las plantas son los únicos seres vivos que producen su propio alimento a través de la fotosíntesis

Durante el día, las plantas captan la luz del Sol gracias a la clorofila, que es la substancia que les da el color verde. En presencia de la luz solar algunas plantas abren sus estomas, otras lo hacen por la noche.

¿Recuerdas los estomas? Los viste en la página 55. Por allí toman el dióxido de carbono que se encuentra mezclado en el aire, mientras que el agua penetra por las raíces. A partir de estas substancias simples y la luz del Sol, las plantas son capaces de fabricar otras substancias más complejas, llamadas azúcares y almidones.

Cuando cae la noche la fotosíntesis disminuye en forma notable, pues las plantas dejan de captar la luz del Sol, aunque siguen fabricando azúcar.

Como resultado de este proceso las plantas desprenden oxígeno que se mezcla con el resto del aire.

Es importante no confundir la fotosíntesis con la respiración en las plantas, aunque ambas se llevan a cabo al mismo tiempo. La fotosíntesis les permite fabricar su alimento y la respiración les sirve para tomar del aire el oxígeno que necesitan.

Las plantas son la única fuente de oxígeno en la Tierra. Hace miles de millones de años las plantas comenzaron a producir el oxígeno que ahora respiramos todos los seres vivos.

¿Sabías que...

gran parte del oxígeno que hay en la Tierra lo producen las algas marinas y varias plantas muy pequeñas? Otra parte muy importante se produce en los grandes bosques y selvas tropicales, entre los que destaca una selva inmensa llamada Amazonia que cubre gran parte de América del Sur.

La vida sin luz

Para que entiendas la importancia de la luz del Sol en las plantas haz el siguiente experimento.
Necesitas:

Manos a la obra

papel o cartón delgado

una planta verde

clips o pasadores

1. *Cubre una hoja de la planta con papel o cartón. Puedes sujetar el papel a la hoja con un clip o un pasador.*

2. *Mantén varias hojas tapadas durante una semana.*

Contesta en tu cuaderno las siguientes preguntas:
¿Qué observas después de transcurrida una semana?
¿Cuál hoja está más verde?
¿Por qué?
Coméntalo con tus compañeros y tu maestro.

La fotosíntesis es un proceso muy importante porque de él dependen el resto de los seres vivos. Al producir substancias nutritivas como el almidón y los azúcares, los demás seres vivos pueden alimentarse de las plantas y obtener lo necesario para subsistir. Las plantas son el primer eslabón de las cadenas alimentarias. Los seres humanos han aprendido a cultivarlas y reproducirlas con el propósito de tener alimentos todo el tiempo.

Cultivo de café

¿Sabías que... *hay varias clases de azúcar? Hasta principios del siglo XIX se extraía de la caña que crece en las regiones tropicales. En 1810, unos científicos alemanes obtuvieron una variedad de remolacha o betabel que proporcionaba mucha azúcar. Desde entonces, el uso de este recurso se ha generalizado en países de zonas templadas o frías donde no crece la caña. El azúcar refinada, en polvo, es un producto moderno. Es muy dulce y, a diferencia del azúcar morena, pierde algunos minerales y vitaminas cuando se refina. El árbol de arce, la palma datilera y el sorgo producen también una buena cantidad de azúcar en las regiones de la Tierra donde crecen. Hay azúcar en muchísimos frutos, en una variedad de maíz, en la malta y ¡hasta en la leche! Todas estas clases de azúcar tienen su origen en el proceso de la fotosíntesis y son la fuente de energía que permite la actividad de los seres vivos.*

Caña de azúcar

¿Quién se come a quién?

Observa con cuidado la ilustración de las páginas 76 y 77. Contesta en tu cuaderno las siguientes preguntas: ¿Qué están comiendo los niños sentados a la mesa? ¿De dónde obtuvieron los huevos y la leche? ¿Qué está comiendo la vaca que dio la leche? ¿Qué están comiendo las gallinas?

Los seres vivos dependen unos de otros. Así como las personas nos alimentamos de la gallina y la vaca, de los frutos y las plantas, los animales se alimentan de otros animales, de semillas y hierbas. Se forman así cadenas alimentarias. Cada planta o animal es un eslabón de la cadena.

cadena alimentaria

Como se vio antes, las plantas fabrican las substancias que requieren para su crecimiento a partir de la luz del Sol, del dióxido de carbono y del agua, así como de otras substancias que se encuentran en la Tierra. A su vez, las plantas alimentan a otros seres vivos. Por eso se dice que son el primer eslabón de las cadenas alimentarias. Se llaman productores primarios.

Los animales son consumidores y dependiendo de qué comen se les llama de diferente manera: herbívoros, carnívoros y omnívoros. Los caballos, conejos, vacas, algunas aves e insectos son animales herbívoros dado que consumen nada más plantas. Estos animales sirven de alimento a los que se llaman carnívoros, puesto que se alimentan de carne, como el gato, el león, el tiburón, el lobo y algunas otras aves, como el zopilote, que consumen únicamente insectos y animales muertos.

Algunos más, como el cerdo, el oso, la gallina y ciertos peces que comen plantas y animales se llaman omnívoros. Los seres humanos también comemos tanto plantas como animales, así que somos consumidores omnívoros.

Cuando mueren, los seres vivos son alimento de los microbios que los convierten en distintas substancias. Estas substancias se integran más tarde al suelo, donde pueden ser útiles para las plantas. En una cadena alimentaria estos microbios se llaman descomponedores.

¿Sabías que... *hay plantas carnívoras?*

En realidad son plantas verdes que, como las demás, fabrican su propio alimento pero que necesitan minerales que no encuentran en el suelo donde crecen. Por ello desarrollan trampas para atraer a los insectos que complementan su alimentación. Una vez inmovilizado el insecto, lo dejan allí hasta que se descompone. Entonces la planta carnívora aprovecha los minerales que necesita y lo demás pasa al suelo. En la familia de las plantas carnívoras hay especies del mar y de la tierra. Algunas miden unos cuantos centímetros, mientras que otras pueden alcanzar un metro de altura.

Cadenas alimentarias

Cada ser vivo representa un eslabón de alguna cadena alimentaria en la naturaleza. Para saber cómo se forma hagamos un juego.
Necesitas:

una madeja de estambre   lápices de colores   cartulina

I. Organízate con tus compañeros para dibujar unas tarjetas como la del ejemplo. Cada tarjeta corresponde a un personaje, lo que come y por quién es comido. Los personajes pueden ser el maíz, el frijol, una persona, un cerdo, una gallina, un perro, un gato, un gusano, unos microbios descomponedores, etcétera. Se reparten a la suerte una tarjeta para cada quien. Las tarjetas indican quién se puede comer a quién. Recuerda que hay cadenas alimentarias en el mar y en la tierra.

2. Observa en la fotografía cómo se juega. El que es comido entrega la bola de estambre al que se lo comió. Pero conservará la punta. Mientras más participen, ¡mejor!

Al terminar el juego contesta en tu cuaderno las siguientes preguntas: ¿Quiénes fueron comidos? ¿En qué orden? ¿Quiénes no comieron? ¿Por qué? ¿Qué pasaría si hubiese menos plantas? Comenta tus respuestas con tus compañeros y tu maestra.

Personaje: Ser humano
Come: Maíz, frijol, cerdo
Es comido por: descomponedores

La vida en el mar también depende de las cadenas alimentarias. Los animales y las plantas de los lagos, ríos, mares y océanos forman largas cadenas que se enlazan a veces con las cadenas alimentarias de la tierra. Éstas empiezan con las plantas pequeñísimas llamadas fitoplancton que sirven de alimento a muchos peces herbívoros.

Fíjate muy bien en la ilustración de abajo.

¿Qué pasaría si el hombre pescara demasiados atunes?

¿Crees que seguiría habiendo alimento suficiente para algunas aves, ballenas o focas que se nutren de esa variedad de peces? ¿De qué se alimentarían entonces?

Como ves, es peligroso que se rompa cualquier eslabón de la cadena alimentaria porque, entonces, los animales que están en los siguientes eslabones pierden su alimento principal y corren el riesgo de desaparecer.

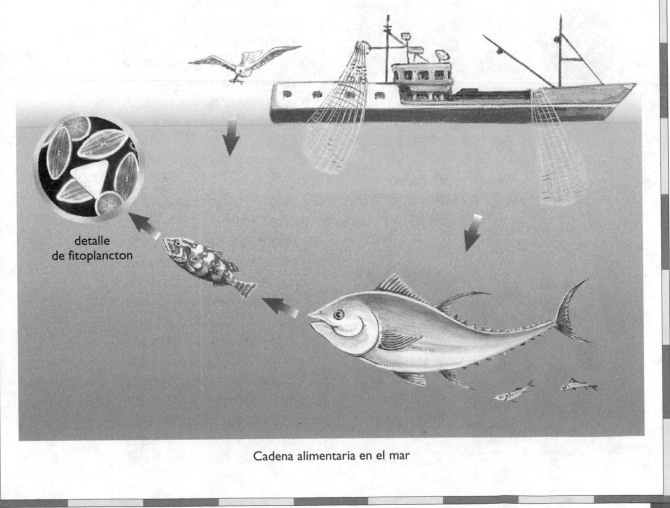

detalle de fitoplancton

Cadena alimentaria en el mar

¿Qué comemos?

Se ha dicho que los animales son herbívoros, carnívoros y algunos otros omnívoros. Se vio también que los seres humanos son omnívoros, puesto que comen vegetales y animales, así como sus productos, por ejemplo, leche y huevos.

Clasificar la enorme variedad de alimentos nos permite entender mejor su función y su valor. Podemos clasificar los alimentos según su origen y las substancias nutritivas que contienen. De esta manera, hay tres grupos:

1. Cereales y tubérculos

En México, los cereales que más se consumen son el maíz y el trigo en forma de tortillas y pan, así como el arroz que acompaña diversos guisados. Tubérculos comunes son la papa y el camote. Una substancia importante que nuestro cuerpo debe asimilar de estos cereales y tubérculos es el azúcar llamada glucosa, ya que de ella se obtiene energía para vivir.

2. Frutas y verduras

Este grupo de alimentos es muy rico y variado, pues a él pertenecen el plátano, durazno, mango, mamey, guanabana, tamarindo, naranja, piña, y verduras como calabacita, espinaca, col, zanahoria, betabel y lechuga, entre otras.

De las frutas y verduras tomamos las vitaminas y minerales que nuestros organismos requieren en cantidades muy pequeñas pero indipensables para que el cuerpo funcione bien.

De este grupo tomamos también la fibra, que ayuda a formar el excremento y desalojar los desechos del cuerpo. Además de tener agua, los frutos también contienen azúcares. Por eso son alimentos que nos proporcionan energía.

3. Leguminosas y alimentos de origen animal

Los frijoles, lentejas y habas son leguminosas, alimentos de origen vegetal ricos en proteínas. Las proteínas son una parte fundamental de la materia que forma nuestra piel, músculos y casi todo nuestro cuerpo. Son indispensables para crecer y reponer lo que se desgasta en el organismo. La carne de res, puerco, pollo, pescado, así como la leche, queso y huevos contienen proteínas.

Este grupo de alimentos contiene, además, grasas que se extraen para producir aceite, mantequilla o manteca para cocinar. Las grasas y los aceites, al igual que el azúcar refinada deben comerse en cantidades muy pequeñas, pues en exceso acarrean consecuencias graves para la salud.

Algunos alimentos contienen varias substancias benéficas para la vida. Por ejemplo, el huevo tiene proteínas, vitaminas, minerales y grasas. ¡Un huevo es un gran alimento!

En las siguientes figuras puedes ver para qué sirve comer cada tipo de alimento.

Carne, pescado y huevos ayudan a que los músculos crezcan

Pan, tortillas, arroz, papas proporcionan energía

Leche y queso permiten que los huesos crezcan fuertes y sanos

Aceite, mantequilla y cacahuates conservan sano el cabello y la piel

Plátanos, naranjas, ejotes y jitomates ayudan a evacuar los desechos del cuerpo al defecar

Compara

Los pueblos tienen como base de su alimentación un cereal. Observa los diferentes cereales que se consumen tradicionalmente en América, Asia y Europa.

maíz en América   arroz en Asia   trigo en Europa

Manos a la obra

La grasa en los alimentos

Podemos saber qué substancias tiene cada alimento por las diversas propiedades que tiene. Unos son grasosos y otros no. Hagamos la prueba.
Necesitas:

cacahuates	manzana	plátano	hoja de papel	dos recipientes	aceite

1. Divide la hoja en cuatro y escribe el nombre de cada uno de los alimentos que vas a usar.

2. Machaca por separado un poco de manzana, un cacahuate sin cáscara y un poco de plátano.

3. Coloca en el papel, sobre el cuadro correspondiente, una pequeña cantidad de los alimentos machacados. En el caso del aceite pon una gota. Deja que se extiendan un poco y limpia con cuidado el exceso.

4. Espera unos minutos y observa el papel contra la luz.

Anota en tu cuaderno los resultados.

¿Cuáles alimentos dejaron una mancha que permite el paso de la luz, es decir, que volvieron el papel translúcido? ¿Cuáles no dejaron ese tipo de mancha?

De este modo se puede saber si un alimento es rico en grasas o no. Pide ayuda a un adulto y prueba hacerlo en tu casa con otros alimentos.

Lección 20

¿Qué pasa si no comemos bien?

¿Alguna vez te has puesto a pensar si comes lo mejor para ti? Con frecuencia escuchamos decir que debemos tener una alimentación balanceada o, mejor dicho, equilibrada. Escribe en tu cuaderno lo que crees que quiere decir esto.

Una buena alimentación consiste en comer alimentos variados todos los días. En la medida de lo posible, cada comida debe incluir alimentos de los grupos que se mencionaron en la lección anterior: cereales y tubérculos, frutas y verduras, leguminosas y alimentos de origen animal.

Abre bien los ojos

Observa qué contienen los tacos y la torta, dos de los platillos que más se preparan y se comen en México:

Anota en tu cuaderno los ingredientes de estos platillos y el grupo de alimentos al que pertenecen.

¿Qué grupo de alimentos falta en los tacos?

¿Qué grupo de alimentos falta en la torta?

Como se ve, son alimentos muy completos y sanos, siempre y cuando se preparen con limpieza. ¡Debes tener mucho cuidado con los que se preparan en la calle, porque suelen tener bacterias y parásitos que no se ven a simple vista pero que causan enfermedades!

Comer bien no quiere decir comer mucho, sino comer de cada alimento la cantidad necesaria.

La siguiente pirámide te muestra qué cantidad debes comer de cada grupo de alimentos. Fíjate muy bien:

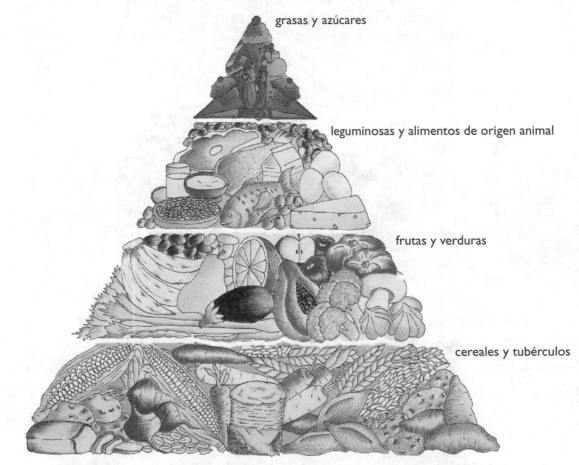

grasas y azúcares

leguminosas y alimentos de origen animal

frutas y verduras

cereales y tubérculos

La pirámide de la alimentación ideal

En la base de la pirámide están los tubérculos y cereales, que son los que más debemos comer. En cambio, en la punta de la pirámide están las grasas y las golosinas. De esas hay que comer muy poco. Cuanto menos, mejor, aunque debemos comer de todo.

Si un niño no se alimenta bien vive malnutrido. Por lo común es de baja estatura para su edad, muy delgado, débil y el cabello lo tiene opaco y quebradizo.

Los problemas de la alimentación aparecen por comer poco y, sobre todo, por comer únicamente algunos alimentos. También se presentan trastornos por comer demasiado, en particular si se comen muchas grasas, azúcar refinada y harinas. Las personas engordan y eso es malo para la salud.

¿Sabías que... *una niña o un niño gordos pueden estar malnutridos? Esto ocurre cuando se comen grasas y azúcar en exceso y, en cambio, pocas frutas, verduras y alimentos de origen vegetal. Sin saberlo, pueden faltarnos vitaminas, minerales o proteínas.*

¿Qué debemos evitar comer?

Cada vez se venden en México más alimentos empacados como papas fritas, chicharrones de harina, pastelitos y caramelos. Estos productos nutren muy poco y quitan el apetito por eso se llaman alimentos de escaso valor nutritivo o "alimentos chatarra".

Seguramente los dulces y caramelos se encuentran entre tus alimentos favoritos. Están hechos sobre todo de azúcar refinada y te proporcionan energía, pero debes comer pocos, pues si los comes en exceso pueden hacerte daño. Recuerda que hay otras clases de azúcares, como las de la fruta, que también te dan energía. La salud y fortaleza que tengas el resto de tu vida dependen en buena medida de lo que comas ahora. Por lo tanto, es importante que conozcas el valor nutricional de cada alimento y puedas escoger lo mejor que esté a tu alcance.

Los "alimentos chatarra"

Comprueba que los alimentos de escaso valor nutritivo son mucho más caros.
Necesitas:

un cuchillo   una papa fresca   una bolsa de papas fritas

1. *Cuenta las rodajas que trae la bolsa de papas.*
2. *Que tu maestra o maestro con el cuchillo corte la papa fresca en rodajas delgadas.*

Contesta las siguientes preguntas en tu cuaderno.

¿Cuántas rodajas tiene la bolsa? ¿Cuántas rodajas salieron de una papa? ¿Cuánto cuesta cada una? Con el mismo dinero que costó la bolsa de papas, ¿cuántas rodajas podrías comer hechas en casa? ¿Cuál de las dos es más cara?

Ahora comenta en el grupo cómo podrían comprobar que además este tipo de productos genera mucha basura.

¿Sabías que... *los "alimentos chatarra" tienen más inconvenientes que ventajas?*
Su valor nutritivo es escaso. Contienen, en cambio, mucha sal, grasa, azúcar refinada y conservadores. Son difíciles de digerir. Te pican los dientes. Son muy caros y generan mucha basura.

¿Para qué cocinamos?

Lección 21

Cocinamos los alimentos con distintos propósitos. En algunos casos, para que algo sea más suave de masticar o fácil de tragar. También se cocina para digerir con rapidez y, por supuesto, para que la comida se vea y huela bien, despierte el apetito y su sabor sea agradable.

Las frutas y gran parte de las verduras a menudo se comen crudas. Es necesario lavarlas muy bien con agua limpia antes de comerlas, aunque se vayan a cocer. En cambio las papas o la carne por lo común se cocinan antes de consumirlas. Carnes como la del pollo también deben lavarse antes de cocinarse.

Al preparar los alimentos podemos hacer muchísimas combinaciones. Los huevos se sirven muchas veces de la sartén al plato. Puede agregárseles cebolla y jitomate, pero su aspecto no cambia mucho. Las sopas, en cambio, son producto de una mezcla de ingredientes que, al cocinarse más tiempo que los huevos, forman un alimento nuevo.

En el caso de los pasteles la transformación de los alimentos es muy notable. Huevos, harina, azúcar, leche, mantequilla, chocolate o vainilla se convierten, después de haberlos mezclado y cocinado, en un pan de sabor distinto a lo que sabe cada uno de sus ingredientes por separado.

¿Qué alimentos de la foto acostumbras comer crudos?
¿Qué alimentos se cocinan?
Dibújalos en tu cuaderno.

Entre los alimentos que requieren ser cocinados
se encuentran los cereales, ricos en almidón.
Como se ha visto antes, el almidón es
una substancia útil para los seres vivos
debido a la energía que proporciona.
Pero los seres humanos sólo pueden
digerir el almidón si se cocina
el cereal que lo contiene.

La harina de trigo y de maíz,
una vez hecha la masa, se convierten
en pan o en tortillas por medio del calentamiento,
que es la forma más común de cocinar.

maíz   trigo

trigo ———▶ pan   maíz ———▶ tortillas

Algunos alimentos de origen animal también se cocinan
con calor antes de comerse. Podemos asarlos, freírlos
o hervirlos.

Manos a la obra

Vinagre y limón para cocinar

El calentamiento no es la única forma de cocinar. Hay algunas substancias ácidas, como el vinagre y el jugo de limón, que también transforman algunos alimentos ricos en proteínas y los hacen más fáciles de digerir. Vamos a comprobarlo.

Necesitas:

un huevo   jugo de limón   medio vaso de vinagre   dos recipientes

Lávate las manos con agua y jabón antes de empezar.

1. Abre el huevo y separa la clara de la yema. Si no puedes hacerlo pide ayuda a un adulto.

2. Coloca la clara en uno de los recipientes y la yema en otro.

3. Agrega a cada parte del huevo medio vasito de vinagre o de jugo de limón y déjalos reposar medio día.

Apunta en tu cuaderno tus observaciones a las siguientes preguntas: ¿Qué ocurrió en cada parte del huevo?

¿Qué parte del huevo dirías que cambió más?

¿Qué ventajas tiene cocinar un huevo por calentamiento?

① **②** **③**

¿Sabías que... *otra razón muy importante para cocinar la carne es prevenir ciertas enfermedades? La carne de puerco siempre debe cocinarse muy bien porque en ella puede haber dos parásitos muy peligrosos: los cisticercos y la triquina. ¿Habías oído hablar de ellos? La leche bronca, es decir, recién ordeñada, también debe hervirse antes de beberla porque es posible que contenga microbios que pueden enfermarte.*

cisticercos

La cocina es el lugar de la casa donde debe tenerse mayor cuidado. Cocinar es algo que se debe aprender con ayuda de un adulto antes de intentarlo solo. El lugar donde se cocina no es un sitio de juego. ¡No te vayas a quemar!

Uno de los accidentes más frecuentes entre los niños son las quemaduras. Y muchas de ellas ocurren en el lugar donde se cocina. Las quemaduras pueden ser muy graves y a veces mortales.

Observa bien el dibujo y discute en el salón cómo podrían evitarse los accidentes que están a punto de ocurrir.

Cuando alguien se quema debe retirarse de inmediato lo que está causando la quemadura. También debe quitarse pronto y con cuidado la ropa de la parte quemada. Enseguida hay que lavar con agua abundante, limpia y fría la parte del cuerpo afectada. Si hay poca agua limpia, usar lienzos limpios bien mojados. Luego debe llevarse a la persona al centro de salud más cercano. ¡Nunca intentes reventar las ampollas ni usar vendas o bandas adhesivas! ¡No le pongas nada a la quemadura! Actúa rápido: lava con agua fría la parte afectada y corre al centro de salud.

Lección 22

¿Has pensado qué pasa con lo que comes?

Los alimentos, en el caso de los seres humanos, entran por la boca, pasan por el esófago y se van al estómago. Pero después, ¿qué pasa con ellos?

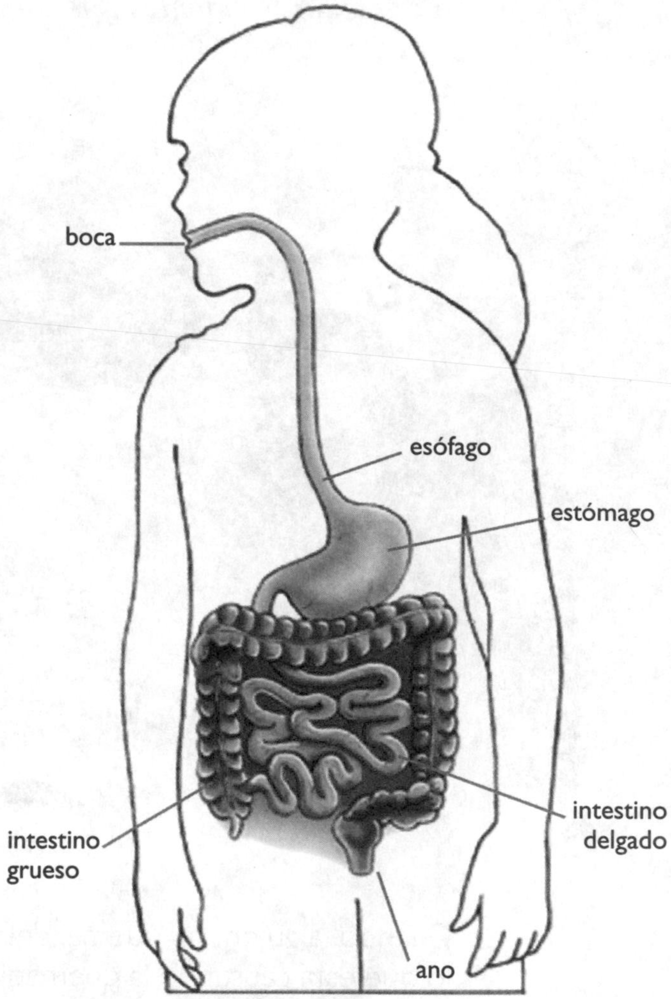

boca

esófago

estómago

intestino delgado

intestino grueso

ano

Observa la figura. Aunque no lo parezca, el aparato digestivo es un solo tubo, muy largo, que empieza en la boca y termina en el ano. Hay partes en las que aparece muy delgado, como el esófago, y otras donde se ve grande, como el estómago o el intestino grueso. La comida tiene que viajar por todo el tubo en un recorrido que dura entre 10 y 20 horas.

La digestión empieza al masticar la comida. Las muelas se encargan de triturarla y, con la saliva, forman una pasta fácil de tragar. Ya en el estómago, el alimento se mezcla con substancias muy ácidas que produce tu organismo y que ayudan a transformar los alimentos para que se digieran. Después pasa al intestino delgado, donde se mezcla con la bilis, que viene del hígado, y con el jugo del páncreas. Estas partes del cuerpo puedes verlas en la ilustración de la derecha. La bilis y el jugo del páncreas terminan de deshacer la comida para que los nutrimentos puedan pasar a la sangre, la cual los transporta hasta el último rincón de nuestro cuerpo. Por eso, además de una alimentación equilibrada, necesitas tener un aparato digestivo sano, para que los nutrimentos se absorban y tu cuerpo pueda aprovecharlos.

hígado   páncreas

Lo que no pasa a la sangre continúa hacia el intestino grueso, donde se seca y forma el excremento, el cual se expulsa a través del ano.

Manos a la obra

Los materiales se descomponen

Para observar el efecto que tienen los ácidos sobre la comida y algunas estructuras más resistentes, como el cascarón de huevo, haz el siguiente experimento.
Necesitas:

un cascarón de huevo   medio vaso de vinagre   un recipiente

1. *Coloca el cascarón de huevo en un recipiente y cúbrelo con el vinagre.*
2. *Deja el cascarón de huevo cubierto un día y observa lo que le ocurre.*
  ¿Qué le pasó al cascarón?
  ¿Por qué?
  Anota las respuestas en tu cuaderno.

❶   ❷

¿Sabías que... *las vacas tienen un estómago dividido en cuatro cavidades? La primera cavidad se llama panza y es el sitio donde se acumula el alimento. De allí pasa a una segunda cavidad en la que se almacena por mucho rato la hierba que comió el animal. Esto permite que la hierba se deshaga. En una tercera cavidad se absorbe el agua de dicho alimento, mientras que en la cuarta se lleva a cabo la digestión propiamente dicha. La hierba regresa de la segunda cavidad a la boca del animal para masticarla otra vez. Por eso puedes ver que las vacas se la pasan masticando o rumiando.*

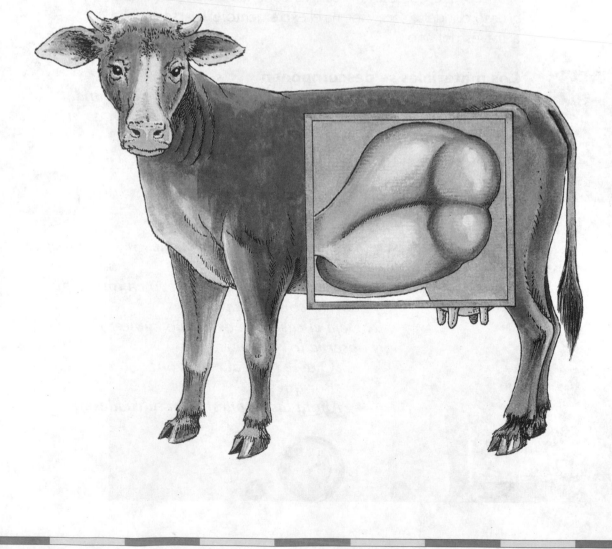

Las tripas movedizas

El intestino siempre está en movimiento, pero se mueve más rápido durante el tiempo que el alimento se encuentra en él. Al moverse hace ruido.

estetoscopio

Cuando el doctor te revisa coloca su estetoscopio sobre tu abdomen para escuchar el movimiento del intestino.

Como el salón de clases no es un consultorio médico, no hay un estetoscopio. Sin embargo, podemos escuchar este movimiento. ¿Cómo?

Organízate en equipos de dos alumnos.

Coloca tu oreja sobre el abdomen de un compañero. Escucha después en otro compañero.

Pregúntales cuánto hace que comieron ¿Escuchas el ruido? ¿A quién se le oye más ruido?

Anota tus resultados y coméntalos con tus compañeros y con tu maestra.

Enfermedades del aparato digestivo

Las enfermedades del aparato digestivo son muy frecuentes en nuestro país.

Por la boca comemos, pero también por la boca nos enfermamos, ya que es la puerta de entrada a nuestro aparato digestivo y la vía por donde ingresa una gran variedad de microbios y parásitos dañinos para la salud. En la boca pueden permanecer microbios que destruyen los dientes poco a poco provocando unas perforaciones, que se conocen como caries o picaduras. Para evitar que eso te suceda es necesario lavarlos después de cada comida.

Vamos a explorar

Los dientes

Hagamos una encuesta. Entrevista a tus familiares y vecinos para saber quiénes conservan todavía su dentadura completa. Mira si tienen algunos dientes con caries o si se vieron obligados a poner dientes postizos. Pregúntales de qué manera acostumbraban lavar su dentadura cuando eran niños.

Anota los resultados y conclusiones en tu cuaderno y coméntalos con tus compañeros y tu maestro.

Es muy probable que alguna vez hayas comido en exceso ¿Recuerdas qué te pasó? Comer demasiado provoca indigestión. Da náusea, a veces dolor de estómago y vómito.

Las señales o síntomas característicos de las enfermedades del aparato digestivo son: náusea, dolor, diarrea, fiebre y vómito.

Casi todas las enfermedades del aparato digestivo las produce algún microbio que entra al cuerpo y, por lo general, provoca diarrea. Si la diarrea es abundante en pocas horas se pierde tanta agua que uno se deshidrata. En este caso es necesario ir de inmediato al centro de salud, pues existe riesgo de muerte cuando se deja pasar el tiempo.

Para evitar la deshidratación a causa de la diarrea puedes tomar un suero casero, que se prepara mezclando ocho cucharadas de azúcar y una de sal en un litro de agua de limón. Tiene que estar preparada con agua hervida o desinfectada. Existen unos sobres que se llaman "Vida Suero Oral", listos para disolver en agua limpia.

Algunos de los pequeños organismos dañinos para la salud no siempre producen fiebre y diarrea, como las amibas y las lombrices, pero también provocan enfermedades. Viven de nosotros y nos debilitan. Se les llama parásitos.

Es muy fácil prevenir estas enfermedades si sabemos cómo llegan estos microbios y parásitos al aparato digestivo. Casi todos viven en el intestino de las personas, por lo que salen al ambiente cuando evacuamos el excremento. Si no tenemos cuidado de deshacernos de estos desechos de manera apropiada podemos contagiarnos o contagiar a los demás.

Abre bien los ojos

Observa y lee la historieta.

María y Juan eran dos amigos

Un día Juan encontró a María y la invitó a comer a su casa

Las verduras del campo se regaron con aguas negras

La mamá de Juan cortó las verduras del campo y no las lavó antes de preparar la comida

Más tarde se sentaron a comer

Y unos días después todos se enfermaron del estómago

Contesta en tu cuaderno las siguientes preguntas y comenta con tus compañeros las respuestas.

1. ¿Cómo podría haberse evitado que las hortalizas se contaminaran con excremento?

2. ¿Cómo podría haber evitado la mamá que las verduras siguieran contaminadas?

3. ¿Qué les pasó a Juan y María?

Dibuja en tu cuaderno otra historieta con las acciones que crees que debieron haberse realizado para evitar enfermarse.

Para no sufrir infecciones del aparato digestivo hay que tener los siguientes cuidados: hervir el agua, lavarse las manos antes de comer y después de ir al baño, lavar las frutas y verduras, cocer o freír los alimentos. Es muy importante no defecar al aire libre y, si no hay otro remedio, entonces enterrar el excremento y de preferencia cubrirlo después con cal.

¿Sabías que... *el cólera puede ser mortal?*
Es una enfermedad que provoca una diarrea
tan fuerte que en unas cuantas horas puede morir
por deshidratación quien la padece. En México
se han presentado casos de cólera desde 1991,
por lo que debemos cuidar la limpieza
de los alimentos y el agua. Además, debemos
evitar comer mariscos y pescados crudos
porque es otra forma de contraer esta enfermedad.

CON EL Cólera
PREVENIRLO ESTA EN TUS MANOS

Los pescados y mariscos cómelos fritos o cocidos

Y tú, ¿cómo te alimentas?

Ahora ya sabes que las plantas y los animales tienen distintas formas de alimentarse. Sabes también que para todos es indispensable contar con nutrimentos que les permitan realizar sus funciones. Te habrás dado cuenta de la importancia que tiene que tu alimentación sea variada, que contenga alimentos de los tres grupos y en la cantidad adecuada. ¿Comes de todo y sin excesos? Vamos a comprobarlo.

Anota en tu cuaderno qué comerías a lo largo de un día si pudieras escoger todo lo que tú quisieras. Marca con una cruz los espacios en la siguiente pirámide para saber si ese día tu alimentación fue equilibrada y compárala con la pirámide de la alimentación ideal de la página 91.

Grasas y azúcares

Leguminosas y alimentos de origen animal

Cereales y tubérculos

Frutas y verduras

| desayuno | comida | cena | entre comidas |

Contesta en tu cuaderno las siguientes preguntas: ¿Qué grupo de alimentos habrías comido menos ese día, comparado con la pirámide? ¿Qué grupo de alimentos habrías comido más ese día, comparado con la pirámide? Comenta los resultados con tus compañeros y anótalos en tu cuaderno.

Algunos platillos típicos de la cocina mexicana van a servirte para realizar esta actividad. Organízate con tus compañeros en equipos. Cada grupo debe escoger un platillo que le guste, investigar cuáles fueron todos los ingredientes que se emplearon en su preparación y construir una cadena alimentaria para cada uno de los ingredientes. ¡Gana el equipo que tenga más seres vivos en sus cadenas! Los platillos pueden ser, por ejemplo, torta de jamón, taco de carnitas, pollo con verduras o algún platillo típico de tu comunidad.

El aparato digestivo es un tubo continuo que recorre el cuerpo y se divide en varias partes. Para conocer los nombres y la ubicación de cada parte, consigue tijeras, colores o crayones, papel calca y cartulina.

Calca los órganos que aparecen en la ilustración de la página 98 y dibújalos en una cartulina, coloréalos y recórtalos.

Arma un rompecabezas con las partes del aparato digestivo. Ahora completa tu rompecabezas. ¿Pusiste todos los órganos en su lugar?

Completa tu diccionario científico con las nuevas palabras que aprendiste en este bloque.

El movimiento

ESTACION

Todo está en movimiento

Observa la ilustración de las páginas 108 y 109. Marca los objetos y seres que están en movimiento. Comenta con tus compañeros y tu maestra.

¿Te imaginas un mundo donde todo estuviera quieto? Hay tanto movimiento en la Tierra que es difícil darte cuenta de todas las cosas que se mueven. Por más que estés en un lugar apartado y tranquilo siempre hay movimiento. ¿Habías pensado, por ejemplo, que aunque no te des cuenta tu cuerpo se mueve? Cuando respiras te mueves y cuando parpadeas también te mueves. En esta lección verás que estudiar el movimiento es más útil e interesante de lo que a veces se piensa.

¿Qué pasa si te acercas a una paloma o a un pájaro? ¿Y si tocas una lombriz?

El movimiento es una característica de todos los seres vivos. Para respirar, buscar alimento, reproducirse y muchísimas cosas más los seres vivos necesitan moverse.

El girasol sigue los rayos solares

Incluso las plantas, que parecen inmóviles, también se mueven. Lo hacen de manera distinta a los animales y casi nunca alcanzan a distinguirse sus movimientos. ¿Qué se mueve en las plantas? Las raíces buscan agua en la tierra y algunas flores siguen la luz del Sol. Hay también plantas cuyas hojas se cierran de inmediato si algo o alguien las toca, por lo que se les llama mimosas o vergonzosas.

No solamente las cosas vivas se mueven. Por ejemplo, un rehilete no es un ser vivo, pero ¿qué pasa si se corre con él en la mano o se le sopla? ¿Qué hace que se mueva?

El viento es aire en movimiento. Se produce cuando los rayos del Sol llegan a la Tierra y calientan el aire cercano a la superficie. Este aire caliente, más liviano que el aire frío, se eleva y desplaza el aire frío hacia abajo. Se forma así un movimiento en círculo que se conoce como corriente de aire.

aire frío

baja

sube

aire caliente

En esta pintura se representa el movimiento del aire

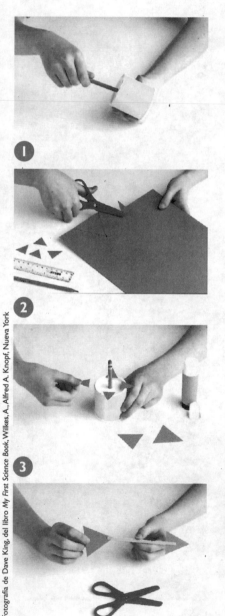

Manos a la obra

Una veleta al viento

El viento sopla en distintas direcciones. Aprendamos en qué dirección lo hace: norte, sur, este y oeste. Vamos a construir una veleta aprovechando que el aire mueve cosas.
Necesitas:

un popote   una regla   unas tijeras   plastilina   una cartulina

una chincheta   un lápiz corto con goma   un recipiente de plástico   pegamento

1. Haz un agujero en el centro de la base del recipiente. Introduce el lápiz corto en él, dejando fuera la goma de borrar.

2. Corta cuatro triangulitos en la cartulina. Después corta un triángulo de 3 cm de altura y otro de 5 cm.

3. Pega los cuatro triángulos pequeños en la base del recipiente, de modo que apunten en cuatro direcciones diferentes.

4. Corta hendiduras de 1 cm a ambos lados de cada extremo del popote. Introduce en ellas los dos triángulos grandes.

5. Empuja la chincheta a través del centro del popote, asegurándote que queda clavada en la goma. Comprueba que gira fácilmente.

6. Haz una "salchicha" con plastilina y forma con ella un aro. Apriétala alrededor de la base de la veleta.

Pregunta a un adulto dónde están ubicados los cuatro puntos cardinales y márcalos en los triángulos. Sal al exterior y coloca tu veleta en una superficie plana. La dirección que tome la flecha será la del viento cuando sople.

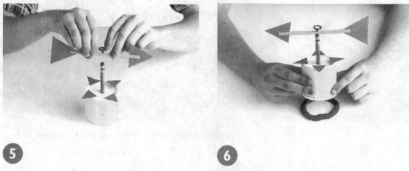

¿Sabías que... *el viento deshace rocas y montañas? Al pasar continuamente sobre ellas, el viento modifica poco a poco las superficies que encuentra a su paso. Junto con el agua, el viento desgasta la capa exterior de la Tierra. Este fenómeno se llama erosión.*

El agua también se mueve. ¿Qué pasa si se pone un barquito de papel en algún lugar donde haya agua que corre? Una corriente de agua, como la de un río, puede mover las cosas que encuentra a su paso. Así funcionan las ruedas hidráulicas. Estas ruedas son parecidas a un rehilete o molino de viento que aprovechan el movimiento del agua para moverse.

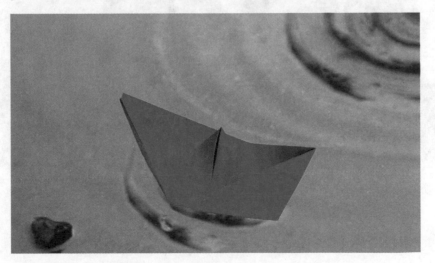

Lección 26 ¿Por qué se mueven las cosas?

Cuando hacemos deporte nos movemos y podemos mover otras cosas. Por ejemplo, en un partido de futbol es posible observar distintos movimientos, tanto en el campo como en la tribuna.

¿Qué debe pasar para que el movimiento de los objetos cambie? Para que un objeto comience a moverse, para que se mueva más rápido, más lento o se detenga hay que aplicar una fuerza.

Observa la ilustración y comenta con tus compañeros y tu maestro los diferentes movimientos que aparecen en ella

Las fuerzas encontradas

Cuando empujas y jalas aplicas una fuerza que puede afectar el movimiento de un cuerpo. Vamos a comprobarlo:

- *Párate en un lugar del patio o del salón.*
- *Pide a un amigo que jale con cuidado tu brazo hacia la derecha.*
- *Ahora pide a otro compañero que haga lo mismo pero hacia la izquierda. Tengan cuidado de no lastimarse.*
- *¿Puedes sentir las fuerzas?*

¿Qué pasa si los dos jalan igual de fuerte?

- *¿Qué pasa cuando uno de los dos jala más fuerte que el otro?*
- *¿Qué pasaría si te empujan en lugar de jalarte?*

Escribe en tu cuaderno lo que sucede.

Haz un dibujo que te ayude a explicarlo.

¿Sabías que... *para cambiar la forma de algunos materiales hay que aplicar fuerza? Esto ocurre cuando aprietas una pelota de hule con las manos y cuando juegas haciendo figuras de plastilina. Otros materiales, como el vidrio o la cerámica, no se deforman fácilmente y tienden a romperse cuando se les aplica una fuerza.*

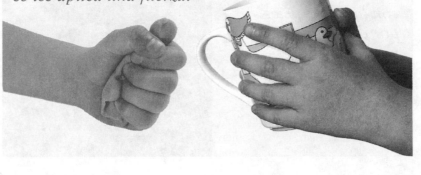

Una fuerza que ayuda a frenar el movimiento de los objetos es la fuerza de fricción. Hay fricción cuando las llantas de un coche rozan el piso de la calle o cuando alguien se frota con una toalla. Al entrar en contacto las superficies de los objetos existe fricción entre ellas. La fricción puede detener objetos en movimiento y, en general, produce desgaste.

Para que la cadena de una bicicleta funcione bien o para que las puertas no rechinen al abrirlas y cerrarlas les ponemos aceite. El aceite ayuda a reducir la fricción en la cadena de la bicicleta y en las bisagras de las puertas. También los motores de los coches o de cualquier otra máquina se mueven mejor cuando se les pone aceite, es decir, cuando se lubrican. Esto hace que las partes que rozan se deslicen con mayor suavidad unas sobre otras.

¿Sabías que...

los caracoles se mueven sobre un sólo pie? Algunos de ellos, así como las babosas, ayudan a su pie a disminuir la fricción con las superficies por donde pasan mediante la excreción de una baba resbalosa y lubricante.

Manos a la obra

La "ciencia fricción"

La fricción es una fuerza que ayuda a frenar el movimiento.
¿Lo comprobamos?
Necesitas:

dos reglas de 30 cm

una canica o una pelota pequeña

una hoja de papel de
estraza 30 x 80 cm

una toalla o
trapo limpios

un objeto que de grosor
mida 2 cm máximo

una hoja de papel de lija
de 30 x 60 cm
o cartón corrugado

una mesa

1. *Sobre una mesa plana y lisa de por lo menos 1.5 m de largo, o en el piso, prepara una pista inclinada o rampa con las dos reglas y el libro. Coloca el papel de estraza al final de la pista. Deja caer la canica o pelota, sin empujarla, en un punto cercano a la salida de la pista y observa su caída.*

2. *Mide la distancia desde el final de la rampa hasta el lugar donde se detuvo la canica y apúntalo en la tabla que aparece abajo.*

¿Crees que la distancia a la que llegue la canica cambiará si en lugar de papel de estraza usas otros materiales? ¡Pruébalo!

En la tabla de abajo te damos otras sugerencias de materiales que puedes usar.

¿En cuál de los materiales se detuvo antes la canica? ¿Por qué crees que haya sido así?

Anota tus observaciones en tu cuaderno y compártelas con tus compañeros. Si puedes conseguir otros materiales como lija o plásticos, pruébalos.

①

②

Material	distancia que recorrió la canica (cm)
Sobre la superficie lisa	
Sobre el papel de estraza	
Sobre el trapo o la toalla	
Sobre la lija o cartón	

Lección 27

Caminos para moverse

Para ir de un lugar a otro pueden tomarse distintos caminos. Estos caminos que siguen los objetos, animales o personas reciben el nombre de trayectorias. Hay tres tipos de trayectorias: rectas, curvas y circulares.

En México hay paisajes muy diferentes entre sí. Si el paisaje es muy plano, las carreteras pueden tener grandes tramos rectos. Eso ocurre, por ejemplo, en el noreste de México. Por el contrario, en el noroeste, centro y sur las sierras obligan muchas veces a seguir trayectorias curvas para ir de un pueblo a otro. ¿Qué trayectoria es más corta, la recta o la curva?

Compara

Antes de 1993, en el estado de Guerrero, la carretera principal que iba de Iguala a Acapulco se recorría en un tiempo promedio de cuatro horas, ya que tenía muchas curvas que bordeaban las montañas. En ese año se construyó una nueva carretera con varios puentes y túneles que acortan la distancia de recorrido entre ambas ciudades. Así, muchos tramos de trayectoria curva se convirtieron en rectas. Hoy puede hacerse el mismo recorrido en dos horas y media.

Fotografía de José Rogelio Álvarez

Los caminos de México

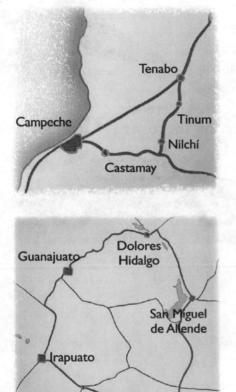

*Para ir de Campeche a Tenabo hay dos caminos,
uno directo y otro que recorre varios pueblos.
¿Cómo es la trayectoria del autobús que va directo?
¿Cómo es la trayectoria del que pasa por Castamay, Nilchí y Tinum?
Necesitas:*

30 cm de hilo

una regla

*Usa el hilo y la regla para responder
las preguntas anteriores.*

*¿Recorren los dos autobuses la misma
distancia? ¿Por qué? Ahora puedes responder
que trayectoria es más corta.*

Anota en tu cuaderno los resultados.

Hay otro tipo de trayectoria que pueden
seguir los objetos en movimiento.
Por ejemplo, si un autobús sale de Dolores
Hidalgo, pasa por San Miguel de Allende,
Celaya, Irapuato, Guanajuato y finalmente
regresa a Dolores Hidalgo, ¿qué trayectoria
ha seguido?

Las trayectorias circulares sirven
para volver al lugar de partida. Como viste
en la ilustración de la página 111,
por ejemplo, el aire caliente y el aire frío
describen una trayectoria circular.

*Observa la ilustración
de las páginas 108 y 109,
y encuentra distintos tipos
de trayectorias. Marca con color
azul los tramos donde aparecen
trayectorias rectas, con color verde
los tramos donde las trayectorias
son curvas y con color rojo
las trayectorias circulares.*

**Manos
a
la obra**

**Abre
bien
los ojos**

Caminos para moverse 119

¿Cómo se mueven las cosas?

Los distintos objetos que se construyen para moverse tienen formas y mecanismos que les permiten hacerlo de muy distintas maneras. Esos mecanismos ayudan a vencer las fuerzas que se oponen al movimiento, como la fuerza de fricción que ya conoces. Esta fuerza de fricción puede ser ocasionada por el aire, el agua o el piso, como se muestra con las flechas en las ilustraciones. El mecanismo de los automóviles y los camiones es el motor que los impulsa, aunque sean de tamaños y formas diferentes. Los aviones también son impulsados por motores pero su forma es muy distinta. Algo parecido sucede con los barcos. Su forma los distingue y facilita su movimiento en el agua.

Los juguetes y el movimiento

Vamos a explorar

¿Todas las cosas se mueven igual? ¿Puede haber movimiento sin cambio de posición? Si observas tus juguetes podrás contestar estas preguntas.

Organízate con tus compañeros en equipos.

Pónganse de acuerdo para traer de sus casas juguetes que tengan distintos mecanismos y formas que les ayuden a moverse.

Observa con detenimiento cómo se mueven los juguetes.

¿Todos se mueven igual? ¿Cómo o con qué empiezan a moverse? ¿Cómo se detienen?

Anota tus observaciones sobre el movimiento en tu cuaderno. Coméntalas con tus compañeros y tu maestro.

Hay formas que facilitan el movimiento de las cosas, como el círculo y la esfera. Ejemplos de la vida diaria son las ruedas y las pelotas.

Otras formas permiten que los objetos roten, es decir, que den vueltas alrededor de un punto. Por ejemplo, los trompos pueden desplazarse y rotar al mismo tiempo.

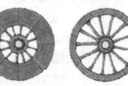

La rueda se inventó hace unos seis mil años y es uno de los artefactos más importantes de la humanidad

¿Sabías que... *los engranes y las cadenas hacen más fácil el movimiento? Son mecanismos que consiguen mover varias cosas al mismo tiempo, ya que transmiten el movimiento de un eje a otro. Esto es indispensable para que funcionen objetos como un reloj de cuerda o una bicicleta. En la industria los engranes y las cadenas han sido de gran utilidad para mover objetos muy pesados.*

Los seres humanos nos movemos gracias al aparato locomotor,
que está formado por huesos, músculos y articulaciones.
El conjunto de huesos que se encuentran conectados
unos con otros a través de las articulaciones forman
el esqueleto. Algunas articulaciones conforman las zonas
flexibles y móviles donde los huesos entran en contacto.
Suele haber allí una substancia blanda y lubricada, llamada
cartílago, que evita la fricción y facilita el movimiento de nuestro
cuerpo. Para que los huesos puedan moverse necesitan
de los músculos, carnosos y llenos de fibras, que funcionan
como si fueran ligas. Al estirarse y encogerse
permiten el movimiento de las diferentes partes
que forman el cuerpo humano.

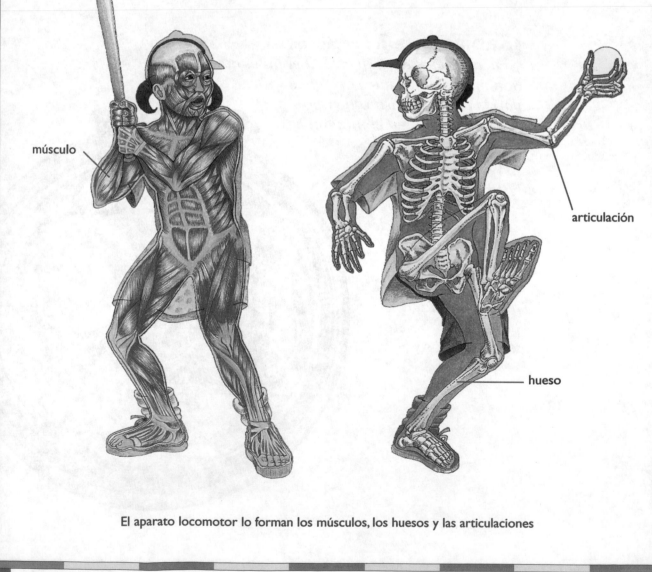

músculo

articulación

hueso

El aparato locomotor lo forman los músculos, los huesos y las articulaciones

¡Con tu conejo!

Los músculos del cuerpo nos permiten abrir y cerrar los ojos, caminar, correr, brincar, jugar a la pelota, escribir, comer, usar herramientas. ¡Para todo movimiento hay un músculo apropiado! Vamos a comprobarlo.

Apoya un codo en una mano o en un dedo. Ahora estira y flexiona tu antebrazo. En el codo está la articulación donde se juntan los huesos del brazo y del antebrazo. Ahora pon tu mano sobre tu antebrazo y siente cómo el músculo que está allí, y que algunos llaman "conejo", va y viene, sube y baja en la medida que flexionas y estiras el brazo. ¿Sientes cómo se mueve el músculo debajo de la piel?

Escribe en tu cuaderno lo que observaste y realiza un dibujo.

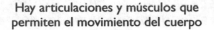

Hay articulaciones y músculos que
permiten el movimiento del cuerpo

Compara

Hay animales que no tienen esqueleto, por ejemplo, los gusanos, las lombrices y las medusas.
Para sostenerse y dar movimiento a su cuerpo tienen una bolsa llena de líquido en el interior del cuerpo parecida a un globo lleno de agua. Otros animales, como los cangrejos, las arañas y los insectos presentan un esqueleto externo que los protege.
Todos estos animales se conocen como invertebrados.

lombriz

cangrejo

Lección 29

Dentro de nuestro cuerpo también hay movimiento

Dentro de los seres vivos hay movimiento. La sangre, por ejemplo, se mueve y lleva todo lo que se necesita para vivir hasta el último rincón del organismo. Además, transporta las substancias que ya no le sirven al cuerpo humano hasta los órganos encargados de eliminarlas.

La sangre también lleva mensajes de un lado a otro del cuerpo. Por ejemplo, si te cortas un dedo de la mano, desde el lugar de la herida se mandan varias señales de auxilio, entre ellas unas que viajan por la sangre. De inmediato se pone en marcha la ayuda necesaria con objeto de cerrar la herida. Como ves, en el movimiento interior del cuerpo humano y de otros seres vivos la sangre es muy importante.

La sangre de tu cuerpo

Vamos a explorar

La sangre viaja a gran velocidad de un lado a otro del cuerpo. ¿Alguna vez has sentido su movimiento?

• Pon tus dedos índice y medio sobre la muñeca, en el lugar que indica la fotografía.

Contesta las siguientes preguntas en tu cuaderno.

¿Qué sientes? Explícalo.

¿Hay movimiento?

¿Qué es lo que se mueve?

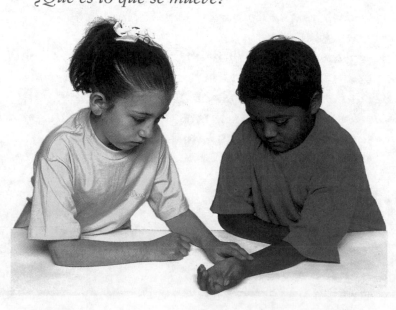

Un adulto de 70 kg de peso tiene un promedio de cinco litros de sangre. Si tú pesas alrededor de 25 kg, debes tener cerca de dos litros.

La sangre se mueve gracias a un músculo llamado corazón, que la hace circular con gran fuerza por todo el cuerpo. Para ello cuenta con cavidades que se llenan y se vacían de sangre sin parar. Al ser expulsada del corazón, la sangre se desplaza a través de una serie de tubos, muy gruesos en un principio, llamados arterias. A medida que los tubos se alejan del corazón se van haciendo cada vez más delgados y pequeños, con objeto de alcanzar todos los rincones del cuerpo.

Una vez que la sangre se ha distribuido, otros tubos llamados venas la llevan de regreso al corazón. El corazón empuja la sangre con tanta fuerza que puede sentirse el latido en las arterias más cercanas a la superficie de la piel. Este movimiento se llama pulso.

El conjunto de arterias, venas y corazón se llama sistema circulatorio.

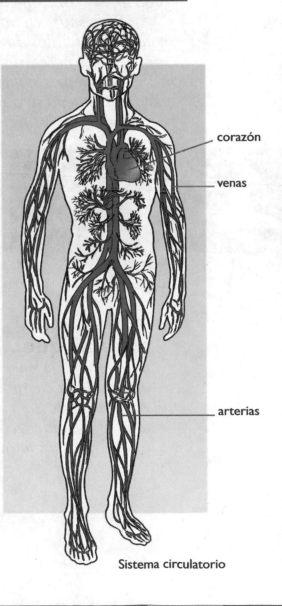

corazón

venas

arterias

Sistema circulatorio

Manos a la obra

Los latidos del corazón

Debido a que la circulación de la sangre es indispensable para vivir, el corazón se mueve de manera constante. No para un minuto a lo largo de nuestra vida. Al movimiento del corazón se le llama latido. El corazón late con ritmo. Vamos a comprobarlo.
Necesitas:

 un reloj con segundero

Organízate con tus compañeros en parejas.
Pon tus dedos en la muñeca de un compañero, como se muestra en la fotografía. Ya sabes que el pulso se siente por la fuerza con que el corazón empuja la sangre.
Para saber cuántas veces late su corazón en un minuto, cuenta sus latidos durante 10 segundos y multiplica el resultado por seis. Es necesario tomar el tiempo con el reloj segundero.
Ahora pídele que haga 10 sentadillas en su lugar.
Toma de nuevo su pulso.
Contesta las siguientes preguntas en tu cuaderno.

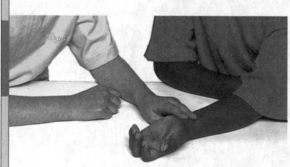

¿Qué diferencia hubo entre el número de latidos antes y después de hacer sentadillas? ¿Cuál fue su pulso en cada ocasión? ¿Qué pasó? ¿Por qué crees que varió?
Ahora vuelvan a repetir todo siendo a ti al que toman el pulso. ¿Pasó lo mismo que con tu compañero?

¿Sabías que...

la sangre viaja muy rápido dentro de tu cuerpo? Aunque no te des cuenta, una gota puede recorrerlo todo ¡en un minuto!

El sistema circulatorio es muy importante para vivir. Parte de él es el corazón, un órgano vital para todos los seres humanos, pues si deja de latir la persona muere enseguida. Para tener un corazón fuerte y un sistema circulatorio sano se pueden seguir estas recomendaciones:

• **Hacer ejercicio con frecuencia.** Eso obliga al corazón a latir más rápido y la sangre circula a mayor velocidad. Lleva más oxígeno a todo el cuerpo, de manera que la persona pueda mantenerse sana.

• **Alimentarse bien.** La comida muy grasosa o con un exceso de azúcar refinada provoca que se deposite grasa en las arterias y la sangre no pueda circular bien. Tampoco es sano comer mucha sal, ya que la presión de la sangre puede aumentar y hacer que el corazón trabaje más de lo debido.

• **No usar ropa apretada.** Es necesario evitar el uso de ligas, calcetines, calzoncillos, pantalones, fajas y cinturones ajustados, que dificultan la circulación de la sangre.

• **No fumar.** El humo del cigarro acelera el pulso, aumenta la presión arterial y permite que la grasa se acumule en las arterias. Esto dificulta el paso de la sangre y crea graves problemas en el aparato respiratorio y en el sistema circulatorio. Por lo general, una persona que fuma sufre toda su vida los graves daños que acarrea este hábito.

Hacer ejercicio, alimentarse bien y no usar ropa apretada ayudan a tener un corazón fuerte y un sistema circulatorio sano

Riesgos del movimiento

Lección 30

Moverse es muy bonito pero también tiene sus riesgos. Puedes caerte, resbalarte, chocar con otra persona o contra algún objeto. Si no te fijas al atravesar un camino o una calle, puede atropellarte un automóvil o un camión. En bicicleta, a pie o en autobús, los accidentes son una causa muy frecuente de heridas graves y enfermedades que pueden ocasionar hasta la muerte. Si se sobrevive a un accidente pueden quedar problemas para toda la vida. ¡No hagas movimientos en falso!

¿Sabías que hasta antes de los seis años de edad la mayoría de los accidentes suceden en la casa? Pero a niños de tu edad también les pueden ocurrir en la calle o en la escuela. Es importante saber en dónde hay más riesgo de que ocurran accidentes. ¡Estar atento y ser precavido con tus movimientos te puede salvar la vida!

Abre bien los ojos

¿En qué lugares de la casa crees que hay más accidentes?

Observa con detenimiento la siguiente ilustración.

¿Qué accidentes pueden ocurrir en el lugar donde se cocina y se baña? ¿Qué puede hacerse para evitar los accidentes en cada lugar? Piensa en otros lugares.

¿Cuáles son las zonas de mayor riesgo en la casa? ¿Por qué?

Organízate con tus compañeros en equipos y responde las preguntas en tu cuaderno. Después comenta las respuestas con el resto del grupo.

¿Cuáles son los accidentes más frecuentes en la calle?

Debido al aumento en el número de automóviles y otros medios de transporte terrestre, casi todos los accidentes en las calles y en las carreteras son producto de choques y atropellamientos. Hay muchas medidas que pueden tomarse para disminuir el riesgo de tener un accidente en la calle. Por ejemplo:

- Fíjate en la luz que indica el semáforo.
- Observa el movimiento, velocidad y trayectoria de los automóviles, camiones, motos y bicicletas antes de cruzar.
- Atraviesa la calle por las esquinas y sin salirte del paso de peatones. Si vives en el campo camina por la orilla de la carretera en sentido contrario a los vehículos.
- Si viajas en automóvil, ponte el cinturón de seguridad.
- Si viajas en la parte trasera de las camionetas, procura ir sentado, en particular si tienen la caja abierta.
- Nunca debes asomarte ni sacar manos y brazos por las ventanillas de los coches, los autobuses o los trenes.

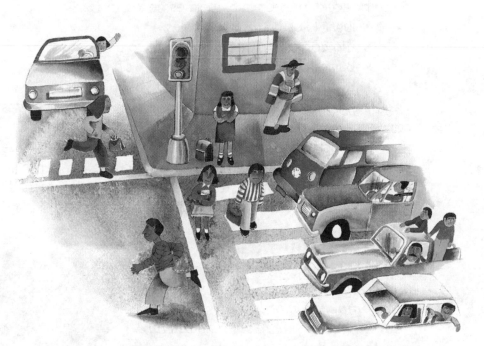

Abre bien los ojos

Observa la ilustración de arriba y notarás que tiene movimientos que deben hacerse y movimientos que no deben hacerse. Marca con una palomita los que están bien y con una cruz los que están mal.

¿En qué sitios de la escuela hay más accidentes?

Sobre todo en los alrededores de la escuela, a la hora de la entrada y de la salida, ya que muchos niños van con prisa. El patio es un lugar donde suelen presentarse accidentes frecuentemente porque hay quienes juegan con brusquedad o se pelean. Para disminuir los riesgos de sufrir accidentes en la escuela es necesario:

- Jugar lejos de los barandales.
- No correr en los pasillos.
- Bajar las escaleras con cuidado y sin correr.
- Evitar los juegos bruscos.
- Depositar la basura en el bote a fin de evitar caídas con cáscaras o tropezar con otros objetos.

En muchas zonas de México tiembla. Es muy importante saber cómo debe actuarse cuando ocurre un temblor o un terremoto. ¿Existe en tu escuela un plan de emergencia? ¿Hacen simulacros de sismos para saber si funciona el plan?

¿Sabías que... *un moretón sólo es sangre extendida? Después de un golpe los vasos sanguíneos se rompen. Cuando no hay herida, la sangre no puede salir. Se queda entonces debajo de la piel y cambia de color varias veces. Pasa del rojo al morado, después se pone amarillo, luego un poco verde y finalmente azul.*

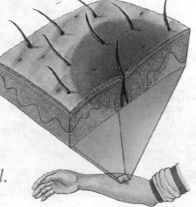

Chipotes y raspones

*¿Cuáles son las lesiones más frecuentes que han tenido
tú y tus compañeros de grupo?*

*Llena la tabla siguiente. La maestra o el maestro leerá
en voz alta los diferentes tipos de lesiones y cada uno responderá
si ha tenido moretones, raspones, machucones. Anota también
dónde sucedió y si se trata de una niña o de un niño.*

Tipo de lesión	lugar			niños	niñas
	casa	calle	escuela		
moretón					
raspón					
golpes con chipote					
machucón					
cortadura o herida					
torcedura					
quemadura					
fractura					
TOTAL					

Contesta en tu cuaderno las siguientes preguntas.

*¿Cuál es el tipo de lesión más frecuente entre el grupo?
¿En qué lugar sucedieron más accidentes? ¿Por qué crees que es así?
Comenta con tus compañeros y tu maestra o tu maestro.*

En México los accidentes ocurren sobre todo en la casa.
Después siguen los accidentes que suceden en la calle
por atropellamiento o por choque de vehículos.
Es muy peligroso que alguien que no sepa nadar se meta
a un río, al mar o a una alberca, o bien se asome a ver
el fondo de un pozo. Si nadie lo rescata se puede ahogar
en tan sólo tres minutos. Aun si sabes nadar, procura
hacerlo en compañía de un adulto que nade bien.

Primeros auxilios

Abre bien los ojos

Los primeros auxilios

Observa con mucho cuidado la ilustración y anota en tu cuaderno lo que te parezca mal.

¿Qué debe hacerse cuando ocurre un accidente grave?

• Antes que nada no debe perderse la calma. A veces las personas se ponen tan nerviosas y se impresionan tanto que, en vez de ayudar, causan problemas.

• Lo mejor es pedir ayuda. Llamar a algún adulto o a un médico; si el accidente es muy grave, llamar a una ambulancia o recurrir al centro de salud más cercano.

Si sigues estas recomendaciones es mucho lo que vas a ayudar. No puedes hacer nada más.

¿Qué debe hacerse frente a una lesión leve? Cuando hay heridas, el primer paso es detener el sangrado. Por lo general basta con apretar con un trapo limpio la zona dañada. Si sangra mucho, es necesario mantener la parte afectada en alto y apretar con un pañuelo, un paliacate o lo que se tenga a la mano. Si no deja de sangrar, hay que llevar a la persona al centro de salud más cercano. Seguramente tendrán que coser la herida.

Es importante que la herida no se infecte. Debe lavarse muy bien con agua y jabón, aunque arda. Hay que repetir este lavado dos veces al día, hasta que la herida cierre. En cada lavada cubre la herida con una gasa limpia y, de preferencia, estéril. Con esto se protegerá de la suciedad, del polvo y de roces con otros objetos.

En las escuelas y en los lugares de trabajo es necesario tener un botiquín para brindar primeros auxilios.

¿Sabes si en tu escuela hay un botiquín de primeros auxilios y qué contiene? Verifica con tus compañeros del grupo si está completo. Si no lo está o no existe, organízate con ellos para contar con un botiquín completo.

El contenido mínimo de un botiquín escolar es el siguiente: vendas de varios tamaños, gasas, tela adhesiva, algodón, jabón, alcohol, agua oxigenada, tablillas de madera para inmovilizar, pinzas, dos paliacates grandes, guantes de látex de preferencia estériles y tijeras limpias que no estén oxidadas.

Hagamos un poco de teatro

Vamos a explorar

Lleva a cabo junto con tus compañeros una representación de un accidente en la escuela.

Uno de ustedes queda gravemente herido, otro tiene una herida profunda en un brazo, el otro tiene un golpe que no sangra en la pierna y a otros dos que estuvieron en el accidente no les pasó nada.

Contesta en tu cuaderno.

¿Qué se necesita para atender a los lesionados?

¿Se encuentran en la escuela los materiales de curación necesarios?

Recuerda que quienes no tienen mayor preparación médica sólo pueden ofrecer los primeros auxilios. Se llaman así porque es lo primero con que se puede ayudar a una persona lesionada. La curación debe hacerla una persona preparada para eso.

El movimiento y el transporte

A lo largo de este bloque se habló del movimiento; de por qué y cómo se mueven los seres vivos y las cosas; también de las formas y mecanismos que lo favorecen. Asimismo, vimos que el movimiento está presente en tu aparato locomotor y en tu sistema circulatorio. Vamos ahora a recordar lo visto en las lecciones anteriores. Registra todas tus observaciones en tu cuaderno y no olvides enriquecer tu diccionario científico.

Observa la ilustración. ¿Qué es más fácil, arrastrar un cajón de madera por el suelo o jalar un carrito con ruedas?

Gracias al ingenio humano, se han inventado herramientas y mecanismos que facilitan las labores. ¿Cómo puede moverse algo pesado con menos dificultad?

¿Qué podrías hacer con un libro y unos veinte popotes o lápices?

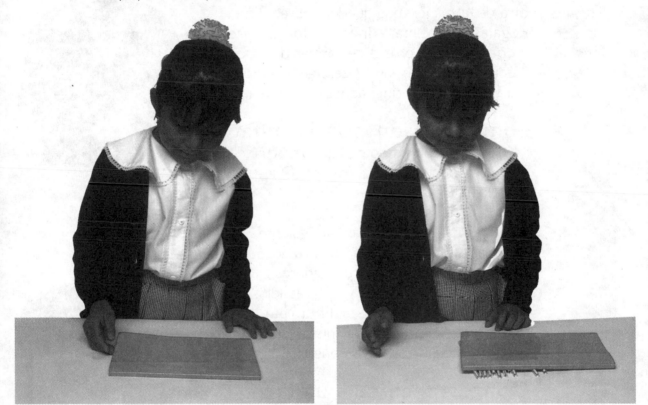

Coloca el libro sobre una mesa sin mantel o sobre el suelo. Empújalo con tu dedo hasta que empiece a moverse. Contesta en tu cuaderno: ¿qué estás aplicando sobre el libro? Ahora coloca el libro sobre los popotes. Muévelo otra vez con un ligero empujón. ¿Cuándo se movió más fácilmente? ¿Cuál fue su trayectoria? Anota los resultados en tu cuaderno y compártelos con tus compañeros y tu maestra en clase.

Los seres humanos

han desarrollado aparatos para transportarse aprovechando la fuerza de los vientos. Este es el caso de los veleros y de los aviones. Cómo y qué tanto se mueve un avión depende en gran medida de su diseño. ¿Qué tan bueno eres para construir un objeto volador? Compruébalo. Vas a necesitar una hoja de papel, tijeras, cinta adhesiva, un popote, un lápiz y una regla.

Corta dos tiras de papel,

una de 2.5 cm de ancho por 12 cm de largo y otra de 3.5 cm por 15 cm. Forma dos círculos o aros con estas tiras; un extremo de una tira cubre un poco el extremo de la otra, de tal manera que queden sobrepuestas. Pégalas con cinta adhesiva por dentro y por fuera con objeto de formar dos aros, mediante los cuales puedas deslizar un popote. Fija el popote con cinta adhesiva a cada aro.

Toma el avión por la mitad

y lánzalo horizontalmente. ¿Qué pasa cuando el círculo pequeño va al frente? ¿Qué pasa cuando va atrás?

Guarda tu avión

para la siguiente actividad. Ahora que has construido tu avión, al igual que tus compañeros, descubre cuál de todos viaja más lejos. Para saberlo hay que salir al patio de la escuela y, desde el mismo lugar, lanzarlo lo más lejos que se pueda.

Contesta en tu cuaderno

las siguientes preguntas. ¿Quién lo lanzó más lejos? ¿Por qué? ¿Qué es más importante, la fuerza que se aplicó al avión o su forma?

Aunque el desarrollo de artefactos es muy importante en todo lo que hace el ser humano, su cuerpo con todas sus partes es fundamental para llevar a cabo las actividades. De allí la importancia de que cuides tu cuerpo.

Una de las articulaciones de la mano que más se utiliza es la que da movimiento al dedo pulgar. ¿Qué tan importante es el movimiento de este dedo? Ya se ha dicho que los huesos, músculos y articulaciones permiten moverse con entera libertad. Las articulaciones son tan importantes que si a una persona le faltaran algunas, enseguida se vería limitada para hacer muchas cosas. Vamos a comprobarlo con el avión que hiciste. Además necesitas cinta adhesiva, lápiz y papel. Junta el pulgar y el índice de la mano con la que escribes con un poco de cinta adhesiva. Trata de escribir tu nombre. Ahora toma el avión de popote y lánzalo con la misma mano. ¿Cómo lo haces? ¿Qué te falta? ¿Vuela tan bien como cuando tienes la mano libre? Comenta con tus compañeros y tu maestro. Escribe en tu cuaderno tus conclusiones.

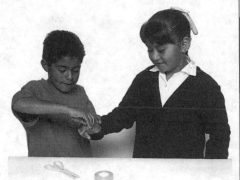

¿Sabías que... *se viaja más rápido hoy que antes? En un principio, las personas se transportaban caminando. Usaron después las balsas y los barcos para navegar y recorrer distancias mayores a través del agua. Al inventar la rueda, las comunicaciones terrestres entre los pueblos aumentaron. Más tarde, con la aparición de los primeros motores, los coches y los aviones pudieron recorrer distancias en tiempos cada vez más cortos. ¡Hoy los astronautas pueden ir hasta la Luna gracias a los cohetes y naves espaciales!*

Fotografía de la NASA

Pongamos todo junto

Pongamos todo junto

En este bloque vas a recordar algunas de las cosas que ya aprendiste para relacionarlas con otras nuevas y vas ¡a ponerlo todo junto!

Revisa las páginas 138 y 139. Encuentra todo lo que tiene que ver con cada uno de los siguientes temas:

- *los seres vivos*
- *el cuerpo humano y la salud*
- *el ambiente y sus cambios*

Haz tres listas en tu cuaderno y escribe en ellas las palabras que más se relacionan con cada uno de los temas mencionados. Compara tus listas con las de tus compañeros. ¿Quién elaboró las listas más completas?

Lista 1	Lista 2	Lista 3
Los seres vivos	El cuerpo humano y la salud	El ambiente y sus cambios
Respiración	Sangre	Material
Fotosíntesis	Digestión	Recurso natural

Un primer repaso

Seguramente sabes más ahora que al empezar el curso sobre los seres vivos, el cuerpo humano y tu ambiente. ¡Vamos a ver si es cierto!

Busca en los bloques 1, 2, 3 y 4 de este libro y apunta en tu cuaderno los números de las páginas donde se habla o hay ilustraciones de:

Temas	páginas
las partes de las plantas	50, 55, 62.
los materiales naturales y artificiales	
el aparato locomotor	
los microbios	
los desechos y la basura	
las enfermedades respiratorias	
las cadenas alimentarias	
los estados en que se encuentra el agua	
los primeros auxilios	

Compara el resultado de tu búsqueda o investigación con la de tus compañeros. Para ello puedes organizar en tablas la información que encontraste.

Ahora escoge una de las tres listas que elaboraste antes en tu cuaderno. Utiliza como guía esas palabras para escribir un texto. Puede ser útil la revisión que acabas de hacer de tu libro. También puedes preguntarle a otras personas que sepan sobre el tema. Acompaña el texto con un dibujo.

¿Qué proyecto escoger?

¿Te has preguntado alguna vez por qué aparece el arcoiris? ¿Por qué vuelan las aves? ¿Por qué el cielo es azul? ¿Qué hace que las cosas se muevan? ¿Cómo es que las plantas son las únicas que pueden fabricar sus propios nutrimentos a partir de substancias simples? Tener inquietudes y preguntarse de qué están hechas las cosas, por qué suceden los fenómenos naturales y cómo son los seres vivos es algo propio de los seres humanos y no sólo de los científicos.

Un proyecto tiene como origen una pregunta. Los grandes proyectos científicos que han beneficiado a la humanidad partieron de una pregunta bien hecha. Si aprendes a hacer las preguntas correctas es muy probable que conozcas mejor el mundo que te rodea y la propia naturaleza humana. Recuerda que comer bien te hace fuerte y sano; pensar bien te hace ser mejor.

En este bloque vas a aprender cómo desarrollar un proyecto. En las páginas siguientes encontrarás muchas pistas. Lo primero que tienes que hacer es escoger un tema y preguntarte qué quieres saber de él. En la página siguiente se encuentran sugerencias para desarrollar tu proyecto.

Puedes utilizar el siguiente método de trabajo.

Escoge un tema

Haz una pregunta sobre el tema elegido

Revisa el tema

Busca más información

Elabora un plan de trabajo para responder la pregunta

Lleva a cabo tu plan y anota los resultados

Comparte lo que aprendiste con tus compañeros

Escoge un tema

En los primeros cuatro bloques

de este libro has estudiado y aprendido muchas cosas sobre los siguientes temas:

- **los seres vivos**
- **el cuerpo humano y la salud**
- el ambiente y sus cambios

Después de la revisión de temas de este libro que hiciste en la página 141, ¿tienes un tema preferido? ¿Quieres saber más sobre él?

Organízate en equipos con tus compañeros de clase. Escoge con ellos un tema. Con la ayuda de tu maestra o maestro traten de que los equipos investiguen temas diferentes.

Anota en tu cuaderno los siguientes datos:
- *Los nombres de los integrantes de tu equipo.*
- *El nombre del tema elegido.*

Escribe también la respuesta a esta pregunta:
- *¿Encuentras alguna relación entre dicho tema y la comunidad donde vives?*

Seguramente escogieron el tema porque les gusta. Pero, ¿hay otra razón? ¿Cuál es?

Anota en tu cuaderno los puntos del tema sobre los que te gustaría aprender más.

Haz una pregunta sobre el tema elegido

Es muy importante que sepas con claridad qué deseas saber sobre el tema que elegiste a fin de formular buenas preguntas. Por ejemplo, con respecto al tema de los seres vivos podrían hacerse algunas preguntas como las siguientes:

- ¿Cuáles son las partes de las plantas?
- ¿Cuánto tiempo vive una tortuga?
- ¿Qué pasaría si las plantas no tuvieran raíces?

Con respecto al tema del cuerpo humano y la salud:
- **¿Cómo se transforman los alimentos que comemos?**
- **¿Para qué comemos?**
- **¿Por qué nos enfermamos?**

O bien, respecto del ambiente y sus cambios:
- ¿Cuál es la diferencia entre basura y desecho?
- ¿Todo lo que se mueve está vivo?
- ¿Qué se funde más rápido: un cubo de hielo entero o uno hecho pedazos?

Mira cómo algunas son preguntas muy simples y pueden responderse con facilidad; en cambio, otras requieren de una investigación más larga. Recuerda que puedes encontrar parte de las respuestas a las preguntas anteriores en los primeros cuatro bloques. Pero no todo. Cuanto más se sabe sobre algo uno se da cuenta de la importancia de hacer buenas preguntas.

Escribe en tu cuaderno con letra grande la pregunta que deseas responder.

Revisa el tema

Repasa todo lo que sepas sobre el tema, como hiciste al revisar tu libro en el **Vamos a explorar** *de la página 141.*

A continuación hay notas y actividades sobre los tres temas: los seres vivos, **el cuerpo humano y la salud**, y el ambiente y sus cambios. Como habrás visto, estos temas se distinguen mediante colores.

Puesto que elegiste en equipo uno de ellos:
- revisa junto con tus compañeros la información,
- compártela, y
- realiza *únicamente las actividades de ese tema*.

Los resúmenes informativos que siguen te podrán ayudar a mejorar tu pregunta. Para resolverla es muy importante que sepas a cuál de los tres temas corresponde. Si no lo sabes, tu maestra o maestro podrán ayudarte a identificarlo.

Fotografía de Laura Cano

Los seres vivos

*Hay cinco errores en el siguiente dibujo.
Encuéntralos y márcalos con un círculo.*

Todos los seres vivos respiran. Los organismos que viven fuera del agua aprovechan el oxígeno que está mezclado con otros gases en el aire y despiden dióxido de carbono. La mayoría de los animales y plantas acuáticos toman del agua el oxígeno disuelto en ella y liberan principalmente dióxido de carbono.

Las plantas, además de respirar, también intercambian gases cuando realizan la **fotosíntesis.** Con objeto de fabricar su alimento toman la luz del Sol, agua y dióxido de carbono y despiden oxígeno. A pesar de que todos los organismos en la Tierra consumen oxígeno, éste no se acaba porque, durante la fotosíntesis, las plantas producen más del que consumen ellas y el resto de los seres vivos.

Las partes donde se lleva a cabo la respiración son muy distintas en cada uno de los seres vivos. Los animales lo hacen a través de pulmones, branquias, tráqueas o la piel. Por otro lado, las plantas tienen pequeñísimos poros, llamados estomas, que se localizan en las hojas. Por ellos entra el aire para que las plantas utilicen el oxígeno y sale dióxido de carbono y agua, producto de la respiración.

Las plantas y los animales tienen características propias para obtener, almacenar y eliminar el agua. Por ejemplo, los cactus de los desiertos la guardan en su interior y se protegen con espinas para no secarse. Las plantas la toman por la raíz que se encaja en el suelo, la transportan a través del tallo y la llevan hasta las hojas. El agua que ya no necesitan se transpira por los estomas de las hojas. Los frutos de algunas plantas pueden almacenar mucha agua.

Los seres humanos necesitan consumir grandes cantidades de este líquido. Aunque no lo parezca, aproximadamente dos terceras partes del cuerpo de una persona son agua. El agua está presente en el intercambio de gases, en el transporte de los **nutrimentos**, en las tareas de limpieza del cuerpo. Cuando una persona inhala toma el oxígeno del aire, mientras que cuando exhala arroja agua y dióxido de carbono. El agua está presente también en la sangre, que lleva los nutrientes a todos los rincones del cuerpo. Se encuentra en la orina y en el sudor, donde ayuda a expulsar los desechos.

Una amplia variedad de plantas contiene los órganos necesarios para reproducirse. El primer paso de la reproducción en las plantas se conoce como **polinización**. Para que una planta se reproduzca tienen que unirse el polen y el óvulo. En algunas plantas el polen, que es la parte masculina, es arrastrado por el viento o algún insecto lo lleva al órgano femenino de otra planta, llamado ovario. Si cae el polen sobre una planta semejante, llegará al óvulo y se formarán semillas; si no, el polen se perderá. En otras el polen cae en la misma planta y allí mismo fecunda al óvulo.

Fotografía de Guillermo Aldana

Por lo general, las flores polinizadas por insectos son de pétalos largos, coloridos y brillantes, despiden aromas y producen néctar. Sus granos de polen son grandes y su superficie suele ser rugosa a fin de adherirse mejor al cuerpo de los insectos. En cambio las flores polinizadas por el viento tienen pétalos muy pequeños, no despiden aromas y tampoco producen néctar. Sus granos de polen, pequeños, son poco rugosos.

Una vez que se unen el polen y óvulos dentro del ovario, se produce una semilla de donde se desarrollará el nuevo organismo. El ovario crece hasta formar un fruto alrededor de la semilla. Después de la fertilización la planta no necesita muchas de las partes que componen sus flores, por lo que éstas se marchitan y mueren.

La **germinación** es el crecimiento de una nueva planta a partir de una semilla. La mayoría de las semillas no germinan en forma inmediata sino que su pequeño organismo funciona más lento en espera del momento más adecuado, por ejemplo, la primavera. En esa época del año la semilla germinará si hay agua, oxígeno y calor suficientes.

Todos los seres vivos dependen del alimento que producen las plantas a través de la fotosíntesis. Son ellas el primer eslabón de las **cadenas alimentarias** que unen a todos los animales hasta llegar a los más pequeños, los microbios, quienes se alimentan de plantas y animales muertos. Los microbios los descomponen hasta que los restos se reintegran al suelo.

¿Sabías que... *el Árbol del Tule es milenario?*
Se trata de un ahuehuete que se encuentra
en Oaxaca y tiene alrededor de 2000 años de edad.
Su circunferencia alcanza ¡los 50 metros!

Enriquece tu diccionario científico
Observa la siguiente lista de palabras. ¿Cuáles de ellas se encuentran
ya en tu propio diccionario? Acuérdate de explicar cada palabra
y dar un ejemplo de su significado.

animal	*oxígeno*
reproducción	*aire*
cadena alimentaria	*fotosíntesis*
nutriente	*raíz*
microbio	*fruto*
respiración	*semilla*
transpiración	*polinización*
insecto	*diversidad*
pez	*néctar*

El cuerpo humano y la salud

Hay cinco errores en el siguiente dibujo. Encuéntralos y márcalos con un círculo.

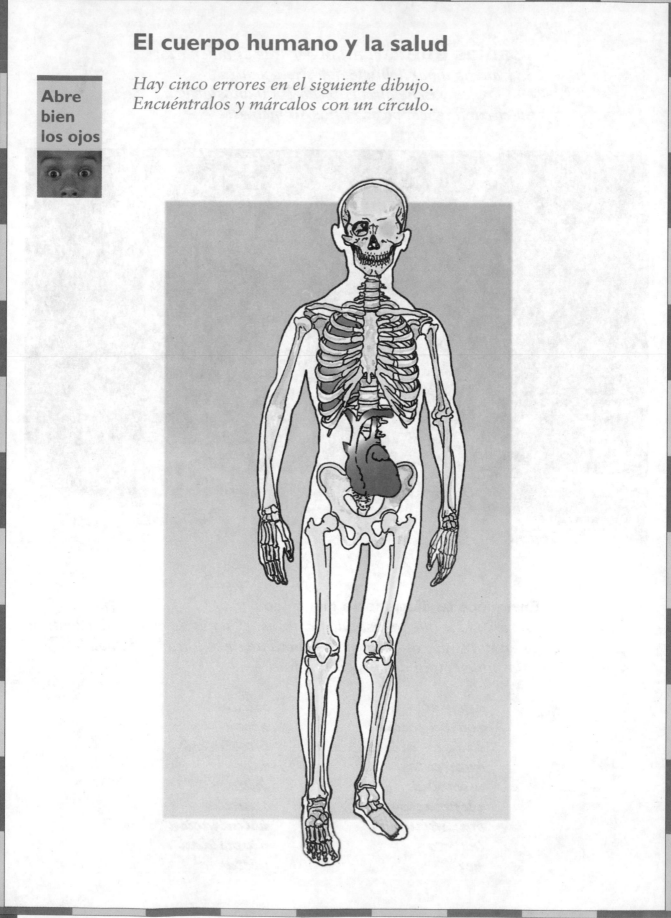

Los seres humanos, al igual que los animales, deben buscar su alimento para sobrevivir. Sin embargo, no todo lo que consumen las personas es igualmente nutritivo.

Los alimentos se han clasificado en **tres grupos**:

- cereales y tubérculos
- frutas y verduras
- leguminosas y alimentos de origen animal.

Al comer es muy importante mantener un **equilibrio en la cantidad de alimentos**, es decir, comer de los tres grupos. Si no se hace así y se ingiere una variedad pobre y de **escaso valor nutritivo** uno puede sufrir graves consecuencias a causa de la **mala nutrición**

Muchos alimentos se aprovechan mejor si se cocinan, es decir, si se transforman los materiales que los constituyen. Es más fácil tragarlos y pueden digerirse con más facilidad.

El aparato digestivo es el encargado de procesar la comida. En los seres humanos empieza en la boca y termina en el ano. El estómago, el hígado, el páncreas y los intestinos son partes del aparato digestivo. Después de haber sido bien masticada en la boca, la comida se deshace en pedazos cada vez más pequeños conforme va pasando por el cuerpo, se absorbe por los intestinos y se disuelve en la sangre. La sangre recoge el oxígeno en los pulmones, que son parte del **aparato respiratorio**.

La sangre es el medio de transporte mediante el cual llega a todo el cuerpo el alimento y el oxígeno necesarios para vivir. La sangre, junto con el corazón, las venas y las arterias integran lo que se conoce como **sistema circulatorio**. Mediante la sangre se conecta este sistema con los aparatos digestivo y respiratorio.

Las **enfermedades** de los aparatos digestivo y respiratorio son muy frecuentes en nuestro país. La mayoría de ellas la produce algún microbio que entra por la boca o por las vías respiratorias. Por eso es necesario beber siempre agua hervida y lavarse las manos con agua limpia antes de comer y después de ir al baño. No hay que olvidar tampoco asear la nariz con cuidado y evitar los enfriamientos bruscos.

El aparato locomotor da movimiento al cuerpo. Está formado por huesos, músculos y articulaciones. Los huesos sostienen el resto del cuerpo y están conectados unos con otros a través de las articulaciones.

Se mueven porque los músculos que están unidos a ellos se estiran y acortan. Mientras que los huesos están formados principalmente por calcio, y por ello debe tomarse leche con frecuencia, los músculos están hechos de proteínas que se encuentran en la carne de los peces, las aves y el ganado, así como en los huevos de algunos de éstos y otros animales.

Los movimientos que pueden ejecutar los seres humanos son muy distintos a los que llevan a cabo, por ejemplo, un águila, un escarabajo o los delfines en sus travesías por el mar. Cada uno tiene un aparato locomotor adecuado al medio en que vive y las actividades que realiza.

Recuerda que al moverte debes tener cuidado. Los lugares donde hay mayor riesgo de que una persona sufra accidentes son la cocina, el baño y la calle. Cuando estos accidentes dan lugar a lesiones leves deben aplicarse los **primeros auxilios**, que consisten, por ejemplo, en detener el sangrado, cuando lo hay, y en limpiar la herida con agua y jabón, aunque arda y duela.

¿Sabías que... *el pulgar oponible es una característica de los primates? Tal es el caso del gorila, el chimpancé, el orangután y el ser humano. Sin embargo, el dedo pulgar de los seres humanos es proporcionalmente más largo. Sólo nosotros podemos tomar con las puntas de los dedos objetos muy pequeños.*

Enriquece tu diccionario científico

Observa la siguiente lista de palabras. ¿Cuáles de ellas se encuentran ya en tu propio diccionario? Acuérdate de explicar cada palabra y dar un ejemplo de su significado.

lesión	*auxilio*
accidente	*transporte*
movimiento	*enfermedad*
sangre	*cocinar*
equilibrio	*diarrea*
desnutrición	*infección*
digestión	*bacteria*
alimento	*salud*
prevención	*flexibilidad*

El ambiente y sus cambios

Abre bien los ojos

Hay dos errores y tres acciones inadecuadas en la siguiente ilustración.
Encuéntralos y márcalos con un círculo.

Aunque no se ve, el aire está presente en todas partes. Es una mezcla de varios gases, uno de ellos es el oxígeno que necesitan todos los seres vivos para respirar. Si no existiera el oxígeno no habría vida en el planeta Tierra.

Las plantas absorben y convierten dióxido de carbono en azúcar y substancias nutritivas gracias a la luz del Sol durante la fotosíntesis. Los animales inhalan el oxígeno producido por las plantas y exhalan dióxido de carbono y agua. Todos los seres vivos obtienen energía de los alimentos gracias a la respiración. Al respirar, utilizan el oxígeno que ha entrado para liberar la energía que contienen los nutrimentos.

Todas las cosas que se usan están hechas con materiales naturales y artificiales. Se dice que un material es artificial cuando fue fabricado por los seres humanos. Pero todos los objetos que se emplean, ya sean naturales o artificiales, provienen de un recurso natural, es decir, de un bosque, del mar, del subsuelo o de las montañas. Hay **recursos renovables**, como las plantas y los animales, que existen mientras no se consumen más rápido de lo que tardan en regenerarse. También existen los **recursos no renovables**, como el petróleo, el gas y el carbón que se agotarán algún día y por ello debe evitarse su desperdicio.

Al igual que el aire, el agua que se bebe es una mezcla y está presente en todas partes. Durante el día, la luz del Sol evapora el agua de los océanos, mares, ríos y lagos, de la superficie de la Tierra y de las hojas de las plantas. Este vapor se condensa en pequeñas gotas líquidas y forma nubes. Las gotas están en movimiento y empiezan a chocar entre sí hasta que forman gotas más grandes que, finalmente, caen en forma de lluvia. Todos estos cambios de estado integran lo que se conoce como el **ciclo del agua.**

A pesar de la enorme cantidad de agua que hay en la Tierra, la mayor parte está salada y es imposible beberla. El costo de separar la sal aún es muy grande, de manera que el agua potable es muy escasa. Además, numerosos depósitos naturales de agua potable están contaminados por los desechos de las personas y las industrias. Es un recurso natural cada vez más difícil de conseguir. Por lo tanto hay que cuidarlo.

Aunque no se vean, en el agua puede haber otras substancias o microbios nocivos para la salud. Una de las maneras de separarlos es filtrando el agua. **Filtrar es separar.**

Todo ser vivo produce desechos. Las plantas liberan oxígeno; los animales sudan, orinan o defecan las substancias que no utilizan. El ser humano es un productor importante de desechos. Los desechos que se depositan en lugares especiales constituyen la basura.

Casi todo lo que utiliza el ser humano produce basura. Hay diferentes tipos de basura, por ejemplo, la que proviene de las fábricas es diferente de la que se genera en tu casa. Aunque a lo largo de la historia los seres humanos han encontrado diferentes formas para deshacerse de la basura, ésta representa un serio problema. Por ello es necesario cambiar nuestra conducta diaria en cuanto al consumo a fin de generar menos basura. Es importante, de igual manera, **reducir, reusar y reciclar los materiales.**

Todo lo que te rodea se mueve: los seres vivos, los objetos, el aire y el agua. La aplicación de fuerzas afecta el movimiento de las cosas. Una de ellas, **la fuerza de fricción**, evita que las cosas sigan su movimiento. Por eso hay muchas cosas que están quietas. Si no hubiera fuerza de fricción todo se movería sin parar. Cuando nos movemos recorremos distancias y describimos una trayectoria.

¿Sabías que...

el agua ha cambiado muchas veces la historia
de los seres humanos? Las primeras ciudades,
formadas hace miles de años, nacieron junto
a grandes ríos porque ahí no faltaba agua
para el uso diario y para regar la tierra.
Otras veces ha dejado de llover o de nevar
en grandes regiones y todo ha cambiado.
Hace muchísimo tiempo, América del Norte estaba
cubierta de hielo y nieve. Ahí vivían grandes
elefantes y rinocerontes peludos,
perseguidos por cazadores nómadas.
Pero la temperatura se fue elevando
año con año, los hielos se fundieron
y aquellos antiguos animales
se extinguieron. En Perú, un país
hermano de México, hubo una vez
una civilización llamada Moche.
Sin embargo, dejó de llover y la tierra
se resecó. Los habitantes abandonaron
las ciudades y los campos de cultivo.
Ahora sólo encontramos en esa región
unas ruinas inmensas sepultadas
por el polvo y la arena.

Pirámide del Sol. Cultura Moche, Perú

Enriquece tu diccionario científico

Observa la siguiente lista de palabras. ¿Cuáles de ellas se encuentran
ya en tu propio diccionario? Acuérdate de explicar cada palabra
y dar un ejemplo de su significado.

basura	reciclar
filtrar	separar
mezclar	ciclo
trayectoria	material
artificial	empaque
distancia	contaminar
fricción	energía
movimiento	recurso natural
fuerza	desecho

Busca más información

Después de haber revisado el tema

seleccionado, ¿qué necesitas para resolver tu pregunta? Tal vez obtener más información. Aquí hay varias sugerencias para encontrarla. Una de ellas puede ser suficiente, pero si combinas más de dos enriquecerás tu trabajo. Haz tu propia combinación. Tu maestra o maestro pueden ayudarte en todos los casos.

• Busca en libros y revistas de tu casa, consulta los *Libros del Rincón* o asiste a la biblioteca más cercana.

• Realiza un experimento relacionado con tu pregunta. Algunas preguntas requieren de llevar a cabo experimentos para poder resolverlas.

• Lleva a cabo varias entrevistas con personas que sepan del tema relacionado con tu pregunta.

• Construye un artefacto. Detrás de todo buen artefacto está la ciencia. Por ejemplo, el foco es un invento maravilloso que se desarrolló a partir de que los científicos descubrieron la electricidad.

Elabora un plan de trabajo

Comenta en equipo cuál de las sugerencias es la mejor para realizar tu plan de trabajo. Una vez hecho esto, planea en equipo los pasos a seguir. Escribe el plan en tu cuaderno. A continuación se muestran tres ejemplos de un plan de trabajo.

Tema: Los seres vivos

Plan I

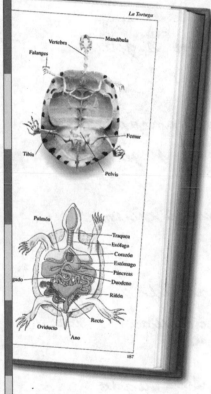

1. La pregunta fue: ¿Cuánto tiempo vive una tortuga?

Para obtener información debemos preguntar a personas que saben más que nosotros sobre las tortugas, por ejemplo, mi maestra, o mi mamá; también

sería bueno buscar en enciclopedias, revisar los Libros del Rincón e ir a la biblioteca.
Hay que hacerlo de la siguiente manera:
Revisar los libros sobre las tortugas.
Tomar apuntes y hacer dibujos de las tortugas.

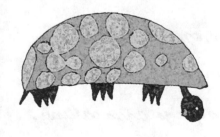

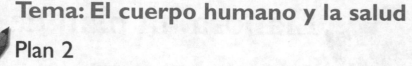

2. La pregunta fue: ¿Cómo se transforman los alimentos que comemos?

Para obtener más información sobre nuestra pregunta vamos a construir tres artefactos que parezcan ser tres estómagos.

Entonces necesitamos los siguientes materiales:

tres botellas de plástico transparentes, pan o tortillas, agua y jugo de limones.

Hay que hacerlo de la siguiente manera:

estómago 1 con agua

Poner la misma cantidad de pan o tortillas en cada una de las tres botellas.

estómago 2 con limón

Agregar en una de ellas agua al tiempo hasta tapar el pan o tortillas.

En otra añadir la misma cantidad de jugo de limón.

estómago 3 con agua caliente

A la tercera se le agrega agua caliente.

Tema: El ambiente y sus cambios

Plan 3

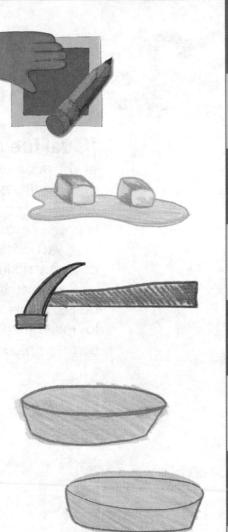

3. La pregunta fue: ¿Qué se funde más rápido, un cubo de hielo entero o uno hecho pedazos?

Para obtener más información sobre nuestra pregunta vamos a realizar un experimento.

Necesitamos los siguientes materiales:

dos cubos de hielo iguales, un martillo o una piedra y dos platos grandes.

Hay que hacerlo de la siguiente manera:

Romper con cuidado uno de los cubitos.

Poner todos los pedazos de hielo juntos en un plato y el cubo de hielo entero en el otro.

Esperar a ver cuál de los dos se funde antes.

Lleva a cabo tu plan y anota los resultados

¿Cuál fue el resultado de tu plan? Si tu resultado sirvió para resolver la pregunta, escribe en tu cuaderno por qué fue así.

Si el resultado del plan no fue suficiente para responder la pregunta, escribe las razones por las cuales no funcionó.

Acuérdate de que muchas veces se aprende más de lo que no funciona que de lo que sí funciona. Lo importante es saber cuál es la razón por la que algo falló y tratar de remediarlo. Por ejemplo, en dos de los casos anteriores, los experimentos salieron mal y, por tanto, hay que corregirlos como se muestra a continuación.

Tema: El ambiente y sus cambios

1. La pregunta fue: ¿Qué se funde más rápido, un cubo de hielo entero o uno hecho pedazos? Para obtener más información sobre nuestra pregunta debemos mejorar el experimento, ya que el primero que hicimos no funcionó. Al romper el hielo con la piedra salieron pedacitos por todas partes, así que no tuvimos dos cubos de hielo iguales. Nunca pudimos comparar bien porque faltaban los pedacitos que saltaron por todas partes

y se hicieron agua.

Necesitamos los mismos materiales
más un trapo.

Hay que hacerlo de la siguiente
manera:

Romper con cuidado uno de
los cubitos. Mi mamá me dijo
que lo hiciera envolviéndolo con
una tela para que todo el hielo
se quedara adentro.

Poner todos los pedazos de hielo
juntos en un plato y el cubo
de hielo entero en el otro.

Esperar a ver cuál de los dos se
funde antes.

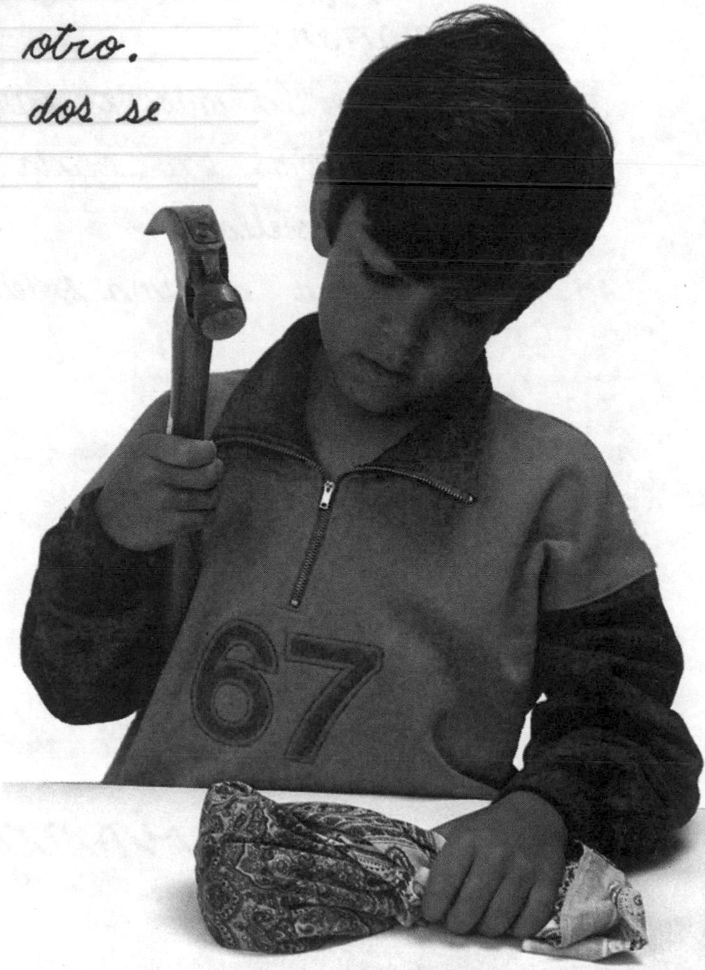

Tema: El cuerpo humano y la salud

2. La pregunta fue: ¿Cómo se transforman los alimentos que comemos?

Para obtener más información sobre nuestra pregunta vamos a construir tres artefactos que parezcan ser tres estómagos. Necesitamos los mismos materiales más vinagre.

Hay que hacerlo de la siguiente manera:

Poner la misma cantidad de pan o tortillas en cada una de las tres botellas.

Agregar en una botella agua

vinagre

al tiempo hasta cubrir el pan
o las tortillas.
En otra añadir la misma cantidad,
pero no de jugo de limón sino
vinagre.
A la tercera se le agrega agua
caliente.
Lo que pasó la vez anterior fue
que, al echarle el jugo de limón,
ya no vimos lo que sucedía con
el pan o las tortillas. Si lo repetimos
con vinagre, que es transparente, es
mejor. Me acuerdo que en el Bloque
tres dice que el vinagre es ácido.

estómago con vinagre

Comparte lo que aprendiste con tus compañeros

Escribe un texto en tu cuaderno con todo lo que sabes después de realizar la investigación y responder a la pregunta elegida en equipo. Tal vez aprendiste algo nuevo sobre tu comunidad; en ese caso, escríbelo también. ¿Podría aplicarse para su bienestar? ¿De qué forma?

Si comparas este texto con el que escribiste después de elegir tu pregunta, te darás cuenta de todo lo nuevo que aprendiste y de las nuevas preguntas que vienen a tu mente.

Fotografía de Laura Cano

Hay muchas formas de compartir lo aprendido con tus compañeros. Ellos también aprendieron cosas nuevas que tú no sabes. Entre todos, y con la ayuda de su maestra o maestro, decidan de qué manera van a intercambiar los resultados de su proyecto. He aquí algunas sugerencias:

- Realización de un boletín
- Elaboración de un periódico mural
- Conferencias
- Exposición con maquetas y experimentos

Cuando hayas decidido en equipo cómo presentar los resultados y luego de haber preparado dicha presentación, invita a tus familiares a la escuela. Quizá ellos no recuerdan o no sabían algo que tú ya aprendiste en tu clase de Ciencias Naturales.

Ya terminó tu curso de Ciencias Naturales, tercer grado. En este libro aprendiste más sobre los seres vivos y algunas ideas sobre cómo cuidar tu salud y el ambiente que te rodea.

¡Hasta el próximo año!

Mientras tanto, ¡disfruta tus vacaciones!

Ciencias Naturales

Tercer grado

Se imprimió por encargo de la

Comisión Nacional de los Libros de Texto Gratuitos,

en los talleres de Compañía Editorial Ultra, S.A. de C.V.,

con domicilio en Centeno núm. 162, local-2, col. Granjas Esmeralda,

C.P. 09810, México, D.F., el mes de septiembre de 1998.

El tiraje fue de 2'900,650 ejemplares

más sobrantes de reposición.